前言

自党的十六届六中全会提出“建设宏大的社会工作人才队伍”任务以来，内地社会工作即开始步入蓬勃发展的轨道。2010年，国务院又明确提出要培养造就一支职业化、专业化的社会工作人才队伍，到2020年使我国社会工作人才总量达到300万人。关于社会工作一系列重大方针政策的出台，无疑标志着我国的社会工作正在迎来一个蓬勃发展的真正春天。

但事实上，内地社会工作依然处于起步阶段，服务使用者对于社会工作或者有所顾虑，或者未必愿意使用，社会工作者的专业角色、专业身份也难以得到应有的肯定。因而，就目前内地社会工作的发展而论，无论是政府、社工机构还是前线社工，都尚存在诸多迷茫。那么，究竟应该如何定义社工，社工到底又该扮演何种角色呢？

所谓社工，乃是系统接受过社会工作专业训练，包括社工价值及理念、个案/小组/社区工作方法及技巧、社会心理学、社会学、统计学、社会行政管理等训练的人员。就其属性而言，社工是一种需要付出有偿劳动的专门职业，通过对人的需要、人与社会不同系统之间互动关系的能动理解，以科学的步骤、计划、方式，介入服务对象的问题理解、问题解决过程，以提升其问题解决能力，并通过促进社会环境的改善而使人生活得更加幸福和谐。在实务工作中，社工担负着诸如危机评估者、倡导者、协调者、经纪人、教育者、赋权者、研究者、辅导者、策划者、关怀者及资源审批者等多重专业角色。究其本质，社会工作者不仅根本区别于“工、青、妇”等组织的工作人员，而且也不等同于民政工作者，更不同于街道、居委会工作人员。因而，突破传统理念的束缚，建设宏大的现代社会工作人才队伍，对于内地社工事业而言，是一项任重而道远的事业。

经过长期不懈的努力，以中西荟萃的政治、经济、文化为发展背景的香港地区，已经较为成功地建立了一套现代社会服务模式，并建立了较为成熟的专业社会工作体系。值

国家出版基金项目
NATIONAL PUBLICATION FOUNDATION

内地
社会工作实务手册
香港督导经验汇编

香港·社会服务发展研究中心 主编

社区社会工作实务手册

SHEQU SHEHUI GONGZUO SHIWU SHOUCE

香港·社会服务发展研究中心 著

中山大学出版社
SUN YAT-SEN UNIVERSITY PRESS
·广州·

图书出版编目（CIP）数据

社区社会工作实务手册/香港·社会服务发展研究中心著.—广州：中山大学出版社，2013.6

（内地社会工作实务手册：香港督导经验汇编/香港·社会服务发展研究中心　主编）

ISBN 978-7-306-04404-4

Ⅰ. ①社… Ⅱ. ①香… Ⅲ. ①社区－社会工作－中国－手册 Ⅳ. ①D669.3-62

中国版本图书馆CIP数据核字(2012)第309670号

出 版 人：徐　劲
策划编辑：葛　洪
责任编辑：葛　洪
封面设计：曾　斌
装帧设计：林绵华
责任校对：曾育林
责任技编：何雅涛
出版发行：中山大学出版社
电　　话：编辑部 020-84111996,84113349,84110779,84111997
　　　　　发行部 020-84111998,84111981,84111160
地　　址：广州市新港西路135号
邮　　编：510275　　　传　真：020-84036565
网　　址：http://www.zsup.com.cn　E-mail:zdcbs@mail.sysu.edu.cn
印 刷 者：广州市怡升印刷有限公司
规　　格：787mm×1092mm　　1/16　　10印张　　120千字
版次印次：2013年6月第1版　　2013年6月第1次印刷
印　　数：1～5000册　　　定　　价：30.00元

《社区社会工作实务手册》

编委会成员及鸣谢名单

编委会

周敏姬　梁祖彬　李永伟　杨翠芝　梁燕凤　伍绮华

鸣谢

深圳社会服务机构及社工

特别说明

业内通常将社会工作者、社会工作一并简称为“社工”，循此惯例，本书行文间未对二者加以严格区分，一律简称“社工”，特此说明。

内容介绍

● 明确社区社工的定义、角色、范畴、权责等基本概念

● 分享由“一站一社工”发展为社区服务中心的深圳经验

● 介绍建立社区社工服务的过程及步骤：

1. 社区综合服务中心如何走进社区
2. 如何进入社区并了解服务
3. 社区社工的拓展阶段及任务
4. 具体服务流程和模式
5. 综合服务中心年度计划及个人年度计划制订

● 如何建立社区工作站与服务中心的合作关系

前言

此内地社会工作发展的春天来临之际，加强社会服务经验交流、促进社会服务工作配合，充分发挥香港作为内地改革开放“桥头堡”作用，无论是对香港地区还是对内地社会服务事业发展都会有莫大的裨益。

促进香港与内地社会福利服务的交流和发展，是社会服务发展研究中心（以下简称“社研”）成立的根本宗旨。自2008年起，“社研”便与深圳市社会工作者协会就“深圳计划”展开合作。通过组织香港社会服务机构的资深社工赴深圳为社工提供督导服务，“深圳计划”已经取得了良好成效。受人力及地域等因素的限制，为全国提供督导服务并完成国务院2010年所提出的至2020年培养300万名专业社会工作人才的任务，对于至2011年11月1日仅拥有16608名注册社工的香港而言，几乎是难以完成的使命。针对近年来内地已经出版涉及社会工作各服务领域的很多理论著作，但实务技巧指导书籍相对缺乏的实际情况，“社研”组织此次参与内地督导计划的香港督导集结经验，专门为内地社工、督导与机构编撰成《内地社会工作实务手册：香港督导经验汇编》（以下简称《实务手册》）。这套《实务手册》暂为6册，包括“禁毒”、“学校”、“医务”、“家庭”、“社区”社会工作及“正向心理学”，随后其他社会工作领域实务手册也将陆续问世。在阐述相关服务领域基本理论知识的基础上，这套《实务手册》格外强调经验、实务技巧及案例的分享。使阅读这套《实务手册》的任何一位社工，基本掌握社会工作实际服务手法并能推行服务，是“社研”编撰、出版这套《实务手册》的基本目的。

这套《实务手册》大致采用了统一的编撰体例。具体来讲，《禁毒社会工作实务手册》、《学校社会工作实务手册》、《家庭社会工作实务手册》、《社区社会工作实务手册》和《医务社会工作实务手册》，都是从介绍社会工作及该领域服务的发展背景入手，循序详细阐述了该领域社工的目的、角色、价值、工作范围、服务对象及服务内容，领域社工机构与派驻人员的管理及权责，领域社会工作的考虑要素、挑战及反思，建立服务的过程及主要步骤，领域社会工作的行政要求，领域社会工作成效评估体系，以及社工如何与不同领域及专业人士合作等内容。特别需要指出的是，这套《实务手册》都提供了典型个案、小组和活动分享，并附有香港督导的细致点评，以期使前线社工与督导有所借鉴和参考。《正向心理学实务手册》则在介绍“全人乐·乐传人”培训项目发展背景、目的、理论与意义、服务计划与实践之外，附带了培训工作坊讲义与作业，以便使读者有如同亲自参加工作坊、理解和运用正向心理学的感受。

以“一册在手，良师益友”为指导思想，“社研”编撰这套《实务手册》的根本目的是，为香港和内地业界同仁和单位共同深化社会工作专业发展、推动社会福利服务，发挥抛砖引玉的作用。

序一

中华人民共和国民政部　罗平飞副部长

作为许多国家和地区深化社会服务、创新社会管理、加强社会建设的一项重要制度安排，专业社会工作的兴起和发展，是人类文明进步的一个重要标志。发展专业社会工作，加强专业社会工作人才队伍建设，是中央政府在深刻总结国内外经济社会发展经验、全面把握我国社会发展阶段性特征的基础上，从国家发展全局出发实施的一项重大举措。

近年来，在中央政府高度重视和大力推动下，内地专业社会工作政策制度日益健全、体制机制不断完善、试点实践渐趋深入、载体平台逐步夯实、水平评价稳步推进、教育培养快速发展。专业社会工作在维护社会公平正义、倡导诚信友爱、调节社会关系、激发社会活力、保障社会秩序等方面的职能作用日渐显现。随着《关于加强社会工作专业人才队伍建设的意见》和《社会工作专业人才队伍建设中长期规划（2011—2020年）》的发布实施，内地专业社会工作正迎来新的发展机遇、进入新的发展阶段。而如何切实贯彻落实国

序一

家关于专业社会工作的整体部署和政策要求，加快引进先行国家和地区的经验，尽快提升专业社会工作实践水平，不仅是当前和今后一个时期内地社会工作发展所面临的一项重要任务，也是需要着力破解的一道重大难题。

香港是中国乃至世界专业社会工作发展水平较高的地区。香港社会工作界积极参与内地专业社会工作事务，在合作实施专业社会工作服务项目、协助督导社会工作专业人才、促进专业社会工作实务发展等方面，为内地做了大量工作，创造了不少具有内地风格、体现内地特点的鲜活经验。总结、提炼这些好的经验，对于指导内地专业社会工作发展，显然具有非常重要的意义。作为相对系统而全面地总结、梳理、提炼了内地专业社会工作实务经验的一项有益尝试，社会服务发展研究中心策划编撰的《内地社会工作实务手册：香港督导经验汇编》，是适应内地专业社会工作实践发展需求的一项创新性探索。相信这套《内地社会工作实务手册》的出版，必将进一步丰富内地专业社会工作的研究成果、提升内地社会工作的实务水平。

2011年11月

序二

中央人民政府驻香港特别行政区联络办公室社会工作部
张铁夫部长

值此全国“两会”召开之际，社会服务发展研究中心的又一力作——内地《社会工作实务手册：香港督导经验汇编》（以下简称《实务手册》）。这套《实务手册》的出版，不仅对于帮助内地社工成长具有重大意义，对于有志进入内地工作的香港社工也大有裨益，我谨在此表示衷心的祝贺。

经过多年不懈的努力，在推动香港与内地社会工作专业的交流与合作方面，社会服务发展研究中心因取得丰硕成果而屡获国家有关部门、地方政府，尤其是民政部门的好评。2007年至今，为配合国家大力推进社工人才队伍建设工作，“社研”团结香港业界力量，组织、派遣近百名资深香港社工督导，为深圳、东莞、广州等地提供督导及培训服务，极大地促进了上述诸地社工人才队伍建设，赢得了业界人士和内地有关部门的赞誉。凝聚“社研”辛勤劳动的汗水的内地社工专业的快速发展，体现了香港同胞关心、支持祖国内地社会建设，服务内地同胞的诚挚感情，我对此深表敬佩。

这次社会服务发展研究中心组织参与内地服务的香港督导所撰写的《内地社会工作实务手册：香港督导经验汇编》，作为香港督导参与内地社工督导过程的经验总结，是继《先行先试：深圳社工专业闪亮点》一书之后的又一重大成果。旨在推行社会服务理论与规范的《实务手册》，涉及“禁毒”、“学校”、“医务”、“家庭”、“社区”五大社会工作领域以及“正向心理学”，既有理论阐述，更侧重实务技巧与案例分析，是这套《实务手册》的基本特色。这套《实务手册》深入浅出，一册在手，就能让从业者基本掌握专业操作方法，十分值得内地社会工作者悉心研读。

党的十六届六中全会将建设宏大的社会工作人才队伍确定为战略决策，而在民政部的推动下，内地各级政府近年来均在积极发展专业社会工作。而培养造就一支职业化、专业化的社会工作人才队伍，使全国社会工作人才总量在2020年达到300万人，已经被确立为国家的一项重要战略任务。由此可以预见的是，社会工作正迎来蓬勃发展的美好明天。在此，我衷心希望社会服务发展研究中心一如既往地团结界内有志机构和同工，进一步扩大与内地开展专业交流和务实合作的区域与范围，打造与内地真诚交流、务实合作的品牌。为此，我希望社会服务发展研究中心继续不懈努力，为深化内地及香港社会工作专业发展，推动社会福利服务事业作出新的更大贡献。

2011年11月

序三

香港特别行政区政府社会福利署　聂德权署长

在2011年4月出版《先行先试：深圳社工专业闪亮点》至今的短短大半年间，社会服务发展研究中心又编撰了一套6册的《内地社会工作实务手册：香港督导经验汇编》（以下简称《实务手册》），共6册，就“禁毒”、“学校”、“医务”、“家庭”、“社区”社会工作及“正向心理学”六大社会工作范畴阐述了相关经验、实务技巧和案例。这套《实务手册》的出版，对于极为渴求实务操作知识的内地社会工作者来说，实在是一件难能可贵的事情。

香港的社会工作能够稳健发展，新旧社会工作者能够交替承传，新入职社会工作者可以顺利肩负起不同类别的社会工作，除了有赖资深督导人员的教导外，也十分倚重各类在业界广泛使用的程序指引及工作手册，它们使社工得以应付不同服务的要求。内地的社会工作刚刚起步，需要更多方面的专业化支持，包括督导人员、工作标准、程序指引和工作手册，以让社会工作者更易掌握社会工作理论在实务方面的应用，从而提升工作成效。今天，有赖香港经验丰富的督导人员，透过“深圳社工计划”及其在东莞及“珠三角”地区合作开展的社工培训计划，将他们宝贵的实战经验广泛流传，使内地更多社工能够更快地掌握基本的社会工作实际技巧，进而发挥所学，实践社会工作手法，助人自助，解决个人及社会问题。这套《实务手册》更难能可贵之处在于，将香港地区经验与内地的具体国情有机结合起来。以医务社会工作为例，在处理“三无”病患及内地医患矛盾的同时，也将香港“以儿童为重，家庭为本，社区为基础”的先进服务理念及“一站式服务”手法推展至内地。同时，这套《实务手册》十分重视成效评估，因而提供了详尽的标准和指标，以供社工实际应用。而值得特别一提的是，这套《实务手册》还加入了正向心理学元素，从而在强调处理病态问题的同时，更将社会工作对象延展至正常人。倡导正向心理的目的，乃是透过“全人乐·乐传人”理念，增强社会工作者及受助人的抗逆能力，使其建立积极乐观的人生态度。

序三

这套《实务手册》，实在是香港社会工作督导人员辛劳努力的成果和智力心血的结晶。据此，也可以看出他们默默服务于内地专业社会工作的奉献精神及其为推动内地社会工作发展而敢于担当的责任感和使命感。在为这一崇高精神喝彩之余，我谨此向他们致以万分的敬意。最后，我也借此机会，感谢社会服务发展研究中心（“社研”）一直以来为推动内地社工督导和培训所付出的辛苦和努力。联系香港和内地社会福利界，拉近香港和内地社会工作者的距离，无疑是近年来“社研”的一以贯之的努力方向。为此，我衷心祝愿“社研”在向内地推展社会工作方面能继续取得更大的成就。

2011年11月

序四

深圳市社会工作者协会　李锦灶会长

首先，我热烈祝贺香港社会服务发展研究中心（“社研”）的大作——《内地社会工作实务手册：香港督导经验汇编》的出版问世！

承蒙“社研”邱浩波主席的厚意，邀我为该套手册撰写序言，感谢之至。我非专家学者，更非社会名流，充其量只是一位社会工作爱好者，顶多也只能算作一位热心于推动社会工作发展的实际工作者。本不够资格作序的我，出于合作伙伴的友情，不便推辞，只好滥竽充数。

香港在专业化社会工作和社会服务方面，已经积累了70多年的经验。而包括深圳在内的内地各省市，在这方面仅仅是刚刚起步。有幸的是，我们有香港经验可以借鉴，因而可以走些捷径。也就是说，我们可以站在巨人的肩膀上去攀登高峰。

“社研”一直致力于促进香港与内地社会服务机构的交流与合作，真诚协助内地发展社工专业服务。自2008年开始，“社研”即开始与本会携手合作实施“深圳社工计划”，从而促进了深圳专业化社会工作的大发展，并使深圳成为引领内地社工制度创新城市，为全国起到了带头示范作用。借此机会，我谨以深圳社会工作协会会长的名义道一声："香港社会服务发展研究中心的同仁们，感谢你们对我们的帮助和指导！"

我读了"社研"邱主席发来的关于《内地社会工作实务手册：香港督导经验汇编》（以下简称《实务手册》）简介的邮件，受益匪浅。这套《实务手册》共6册，包括"禁毒"、"学校"、"医务"、"家庭"、"社区"社会工作以及"正向心理学"。这套《实务手册》介绍了上述领域社工的专业操守、服务内容、工作范围、专业价值、评估标准、服务素质、服务流程和模式等。它不仅是一线社工、初级督导的指导教材，同时也是社工机构的管理指南，还可以说是广大社会工作者的良师益友。更难能可贵的是，这套《实务手册》能切实结合中国内地具体情况，以探索社会工作本土化这一重大命题，这无疑将对包括深圳在内的内地社会工作专业化、本土化进程起到巨大的推动和加速作用。

2011年11月

序五

社会服务发展研究中心主席 邱浩波太平绅士

一直以来，社会服务发展研究中心始终致力于推动内地及香港本地社会服务事业的发展。自2008年3月起，“社研”即开始与深圳市社会工作者协会合作实施“深圳社工计划”，先后组织香港的15间社会服务机构派出资深社工为深圳社工提供督导服务。这次深港两地的务实合作，使深圳分享了香港在社会工作实务及制度方面所积累的宝贵经验。截至目前，“社研”所派出的约60名香港社工督导，累计督导深圳社工已超过千人，而且已为深圳培养出了一批优秀的初级社工督导。在2011年10月21日专门举办的表彰大会上，“社研”、“深圳社工计划”的协办机构及香港督导的贡献，受到深圳市政府的正式表彰和高度肯定。尽管“深圳社工计划”已经取得了丰硕成果，但“社研”依然未敢稍加懈怠，而是刻不容缓地于广州、东莞以及内地其他地区，积极开展培养专业社工队伍的工作。上述的不懈努力，现均已初见成效。

序五

因为我们深知以文字保存这些珍贵工作经验的重要性，所以先于2010年4月出版了《先行先试：深圳社工专业闪亮点》。鉴于社会对该书反响十分热烈，而且内地业界对实务技巧指导书籍需求量也非常大等因素，故而“社研”再次组织编撰了这套《内地社会工作实务手册：香港督导经验汇编》（以下简称《实务手册》）。这套《实务手册》共6册，内容涉及“禁毒”、“学校”、“医务”、“家庭”、“社区”社会工作以及“正向心理学”，其他社会工作领域的实务手册也已纳入编撰出版规划。我们认为，尽管不是所有内地社工都有机会接受香港督导的培训，但这套《实务手册》完全可以协助内地社工掌握基本服务工作手法并在内地各省市开展社工服务。就其基本特征而言，《实务手册》实际上不是一套介绍香港社会服务的实务手册，而是切合内地实际情形和具体需求，融香港一般性实务技巧与香港社工督导在内地推行社会服务的本土化经验为一体，兼具本土化与专业性两大鲜明特征的实务手册。

在此，我要特别鸣谢不辞劳苦地贡献于国家的“社研”的相关人员、香港督导以及内地社工，还有这套《实务手册》编撰小组的成员们。如果没有你们的辛勤努力，就没有这套集结六大社会服务领域宝贵经验的手册的问世。最后，我还要诚恳地感谢支持并阅读这套《实务手册》的您！

2011年11月

目录

A 服务简介

1.1 社会工作发展背景

1.1.1 社会工作发展背景简述

社会工作发源于英国，再扩展至美国及世界各地。就英美等西方国家而言，社会工作起源于社会救助、救济工作和慈善活动，后逐渐演变成一种以提供社会服务为主的职业。以1601年伊丽莎白《济贫法》颁布实施为标志，英国政府便开始正式介入针对特殊群体的救助、保障和福利事业的组织与管理，此乃政府提供社会服务的正式开端。

欧美国家的社会工作起源于19世纪末的各种志愿性、慈善性、专职性社会救助事业。如英国在1869年成立的慈善组织协会（COS），运用针对个人问题的个案工作方法，其中“安置运动”和“青年俱乐部运动”所使用的工作形式，可被看做小组社会工作模式的雏形。皇家义务医院于1895年开始雇用专职施赈人员，甄别哪些患者能够承担医疗费，哪些患者需要免费救助，这些医院施赈人员便是医务社会工作者的前身。住宿照顾社会工作，则起源于救助被遗弃儿童的志愿组织。

19世纪以后，社会服务和社会工作在演变过程中渐趋职业化、专业化和专门化。社工所提供的社会服务，日益渗透到社会各个领域和人群。专门化的服务分类，例如家庭和儿童福利、老人服务、康复服务、青少年服务、社区服务、医务服务和犯罪辅导等逐渐应运而生。服务覆盖面逐渐广泛，服务方法专门化，专业介入开始成为正式职业。社工必须经过专业训练并通过专业资格认证，才能注册成为专业社会工作者，而注册后的职业身份是受法律保护的。

1.1.2 内地社会工作发展背景

为实现构建社会主义和谐社会战略目标，在党的十六届六中全会通过的《中共中央关于构建社会主义和谐社会若干重大问题的决定》中，明确提出了“建设宏大的社会工作人才队伍”的战略决策。中共中央首次提出社工人才队伍建设思想，从根本上为各地推进社会工作试点奠定了思想基础。

2007年，中共深圳市委、市政府出台《关于加强社会工作人才队伍建设推进社会工作发展的意见》等“1+7”系列文件（下文简称《意见》），以指导促进社会工作人才队伍的职业化、专业化、社会化。《意见》提出，作为改革开放的“试验田”和“排头兵”，深圳应当在社会建设，包括社会工作方面带头落实中央决策，切实把加强社会工作人才队伍建设，推进社会工作发展作为一项全局性战略任务。加快推进步伐，力争取得较大突破，是该《意见》的根本着眼点。该《意见》随即成为深圳推进社会工作的规范性文件。

深圳社会工作试点，于2007年8月正式开始。通过“政府支持引导，民间运作”社会工作模式的创建，深圳市政府在积极扶持民间社工机构建设的同时，始终致力于规范社工机构的发展方向。立足于社会工作不同发展阶段，积极探索并不断创新发展社会工作的政府扶持方式，是深圳市政府推进社会工作试点的基本手段。向民间社会工作机构购买岗位服务，是深圳市政府扶持社会工作的早期形态，而资助公益项目，岗位社工和项目社工齐头并进，则是试点后期政府扶持民间社会工作机构，促进社会工作发展的主要方式。到2011年7月，深圳已有民间社工机构44家，包括岗位社工和项目社工在内，全市注册社工已发展至1022名。社工服务也已由区扩展到街道乃至社区，呈现出不断深入发展的基本态势，遍及全市的专业化社会工作网络已经初步形成，服务工作则遍及民政、司法、教育、卫生、社区、信访、计生、人民调解、残疾人、老人、妇儿、禁毒等广泛社会工作领域。

同时，深圳市政府利用毗邻香港的优势，积极学习香港成熟的社工经验。通过引入香港专业督导，一方面，协助社工机构加强专业团队建设；另一方面，加强对一线社工的专业指导，促进本土社工实务能力提升。香港督导通过对社工督导助理、见习督导的培训，培养本土督导人才，大大促进了本土社工人才队伍建设，并指导制定了《社工机构行为规范指引》、《社工机构评估办法》、《社工行为准则》、《社工行业投诉处理办法》等规范性文件，形成社工制度监管体系。

1.1.3 深圳社区社工发展背景

社工，对深圳来说，还是一个新兴的工作领域。社区工作，在内地更是一种崭新的工作概念和手法。此前，内地居民的需要主要通过社区工作站（前居委会）、街道办等政府机构，以行政手法加以解决。社区工作站的职权范围也较为广阔，涵盖了行政管理及社会服务两个层面。社区行政主要包括民事诉讼、居民调解、劳动就业、计划生育、结婚/离婚登记、社区环境，社会服务主要包括长者及残障者服务、社区教育、青年帮教、社会保障（最低生活保障）、文化体育活动等。这些服务均由专职人员承担，工作站的职员同时代表政府推行各项社会政策及服务。迄今为止，对于社区居民和工作站人员来说，“社工”还是一个陌生的名词，一般民众通常还会将其与“义工”混为一谈。

2007年，深圳“7+1”系列文件的出台，是社工专业身份、专业地位在政策面上正式确立的标志。有别于项目社

A

工，社区社工是深圳市民政局以岗位购买方式，向社工机构采购的专业化社会服务。社区社工被配置于各区民政局及街道办（用人单位），由这些用人单位决定社工职能和工作内容。因此，相对于用人单位，社区社工提供的是从属服务（secondary setting）。2008年，社区社工已经正式成为街道办或社区工作站人员的组成部分，但其工作内容与工作站一般人员却没有区分开来，社工专业工作手法和特色展现得并不明显。用人单位对社工服务的工作内容认识不足，从而给社工安排了颇多的行政任务，是导致这一现象的根本原因。到2009年末，每个社区工作站都配置了社区社工，基本形成了“一站一社工”的配置格局，香港督导赴深圳培训社区社工的工作也初步展开。自此时开始，社工才得以依循专业价值，利用社区社工特有的专业工作方式，如个案、小组和社区专业服务等，面向居民开展各项服务活动。

2010年发布的《深圳市社会经济发展第十二个五年规划》提出，每个街道所成立的社区服务中心，应由街道办落实办公地点，让社工迁入办公。南投、西丽、招商等社区率先响应，相继设立社工站。尽管站内所配备的10～20名社工，与用人单位人员不隶属同一机构，但此类社工站仍是政府机关，站内社工工作内容仍以街道办指派的行政性事务为主。名义上“一区一社工”的配置，往往由于办公地点远离所属社区工作站，因而在资源调配、服务推行方面都出现了较大困难，而且此类社工站也未能按社区服务中心的专业工作模式推行服务。

2011年6月，《深圳市社区服务中心设置运营标准(试行)的通知》出台，确立了社区服务中心的发展目标。该文件规定，社区服务中心是社区服务平台，中心面积需在400平方米以上，配备全职工作人员6名以上，其中社工的比例不得低于60%。这类社区综合服务中心多附设于社区工作站，政府由原来的岗位购买转为资助项目运作模式，项目由民间组织(机构)通过竞投实施运作和管理，年营运费不多于50万元人民币。由于社区服务中心挂靠工作站或居委会，不仅拥有“一站一社工”模式的所有优点，而且减少了行政化问题，可以更专注于专业服务，社工也不会在工作中陷入孤立无援的困境，是一种较为理想的管理和运营模式。但其所存在的缺陷是，项目规模较小，拥有资源有限，每个中心的年运营费只够聘请3～4名社工，扣除其他职员薪酬支出及行政费用支出已所剩无几，不足于支撑专业服务、专业活动的开展。由此而使得社区服务中心不得不协调整合其他资源，尤其是协调社区工作站的人力资源。如此一来，服务中心与社区工作站之间的合作协调关系，就成为决定社工服务成功与否的关键。同时，各街道办也期望服务中心在社区工作站中运营，并为此开展了试点，如南山区桃源街道办设置的龙联社区综合服务中心，2011年8月正式开始运行。最初的设想是，工作站的行政与服务相对分离，服务中心整合工作站内的不同资源独立运作包括“星光老人之家”、“关心下一代工作委员会”、“四点半课堂”、“阳光家庭服务”等八大社会服务项目。服务中心由南山区政府以招投标方式选定，并交由社工机构管理，以项目形式运作。但中心的人手却不足以应付八大项目的开展，而中心与工作站不再有隶属关系，因而导致了由谁主导资源分配问题，这些矛盾无疑都需要在合作过程中慢慢磨合并逐渐化解。

深圳市民政局最初规划在辖区内发展800个这类附设于工作站的服务中心，目前正式投入运营的已有38家，另有50多家已落实运营资金并开始招投标（《香港商报》，2011年10月21日）。同时，也应该看到，尽管由于各地普遍存在的资源再分配问题，使得社区社工发展还存在很多变数，因而至目前为止，民政局、街道办、社区工作站、居委会、社工机构、社工等都尚在探索之中，但在发展方向的前提下，只要政策能稳定推行，社区社工工作就一定有光明的未来。

1.2 社区服务的目的、社工角色和工作范畴

1.2.1 社区服务的目的

依据《深圳市社区服务中心设置运营标准（试行）的通知》的解释，社区服务是指依托各类服务设施，以特殊和困难人群为重点对象、以满足全体居民物质文化生活需求为目的，由政府主导、推动和扶持，各类社会主体共同参与提供的各种服务。社区服务主要包括社区公共服务、居民自助互助服务和便民利民的社区商业服务。

A

社会工作的整体目标是预防（prevention）、修复（restoration）和发展（development）。应用社区工作，就是预防社区问题（疾病、罪恶、环境）的发生，对已发生的社区问题进行处理（贫穷、恶劣环境、人际网络及关系、弱势社群），开展社区建设（社会资本、居民对社区投入感）。这一工作目标，正与文件中所表达的“以特殊和困难人群为重点对象、以满足全体居民物质文化生活需求为目的”重点方向相契合。

●社区建设的目标

■消除贫穷，协助贫困居民把握脱贫机会；

■提升人口素质，提高居民社会生存技能；

■保护环境及生态平衡，推广公民教育；

■提供服务，满足弱势群体的基本生活需要，关注其就业需要；

■预防社会危机，降低社会危害。

依据上述目标而发掘的有效切入点包括：

■社会资本建设——建立具有持续性的社区网络，提供机会与不同界别充实彼此的联系，发挥“施比受更有福”的精神，共享社区资源，达致互助互惠，重建友邻及共融关系；

■提升居民自助能力——肯定弱势群体的个人价值，增强他们的自信心，提升其自助能力，促使他们参与、贡献社会的目的；

■帮助暂处劣势环境的人士改善处境——协助政府推动扶贫政策和措施，发挥社区内个人及社群的互助力量；

■社区环境建设与改善——推动环保工作，促进健康社区建设，改善社区环境，开展清洁运动；

■树立社会参与的正面价值——鼓励市民积极参与，加强关怀互信，促进互助互惠。

1.2.2 社工角色

主要角色

表1.1 主要角色

倡导者	在对待弱势群体的需要上，社工要充当倡导者。例如，当一个受虐妇女因为法律和社会制度方面的不健全而未能得到适当的保障时，社工需要通过不同渠道反映妇女的要求并促使政策和制度的改变，还可以与政府部门合作，或以媒体为倡导工具和途径
赋权者	赋权就是社工通过改变案主的情况，帮助个人、家庭、群体和社区增强其经济、社会和政治力量与影响，致力于提高案主的以下能力：理解自己生活的环境，做出恰当的选择；承受所做选择可能带来的结果；通过呼吁和有组织的活动改善自己的生活环境，致力于在不同群体之间公平地分配资源和权利
协调者	协调指的是以系统的方式把相关因素组织起来。例如协调民政部门与妇联，使之形成良好的合作网络；作为服务对象与政府部门之间的协调者，社工可以促进二者的良好沟通；通过了解方方面面的需求，作为协调者的社工还可努力促进互利互惠和多方合作

续表1.1

经纪人	经纪人就是把需要接受服务而不知道如何寻找资源的案主与其所需的资源联系起来的桥梁，例如当家暴受助人不知道该如何寻找法律援助时，社工可以介绍相关法援资料；还可以为有需要者介绍社保、医保等资源
教育者	教育者角色主要体现在家庭生活教育方面。例如社工可以运用人生阶段理论、需求理论和家庭系统理论等，帮助家庭履行每个发展阶段的不同任务，适应改变及应付特别需要和压力，以提升家庭生活质量
危机评估者	针对个人和家庭危机个案做出充分的危机评估（例如主要危机指标及致命因素），以便做出适当的临床判断和介入

其他角色

表1.2 其他角色

研究者	研究者角色包括持续评估实务工作成效，研究发掘社会问题和解决方法，借助研究提升社会工作实践经验
辅导者	社工需要为求助人提供适当的心理咨询和辅导，务求运用专业心理辅导方法帮助求助人走出困境
策划者	作为服务策划者，社工每年都需要设计全年服务计划，并确定每个月详细服务内容
关怀者	社工需要持续与民政、妇联等部门携手关怀本地区的弱势群体，特别关注低保贫困户，向他们提供相应的服务
资源审批者	社工需要与政府部门协调，对申请资源的求助者做出评估，务求资源的合理使用和公平分配

1.2.3 社区社工工作范畴

社区工作就是“一种介入手法，也可视为一种特定的服务。无论是手法抑或服务，社区工作都有双重的重点，主要是针对区内（功能社区或地域社区）居民的需要，解决社区的问题，改善社区的环境，促进居民的生活素质。除了发展社区外，还要使居民得到发展，包括提升居民的社区意识、加强解决问题能力及领袖才能、促进居民参与社区事务、改善社会等。从以上所介绍的目标及定义可看出，社区工作是一种较宏观的介入手法，着重促进人与社区、人与社会的关系。社区工作亦涉及社会转变（social change）及制度转变（institutional change）的层面”（甘炳光、梁祖彬、陈丽云、林香生、胡文龙、冯国坚、黄文泰，1994）。

社区工作是社会工作三大介入方法之一。相对于个案工作和小组工作，社区工作所运用的策略较为复杂和广阔，除了融合个案和小组工作外，还包括社会教育、动员群众和集体参与等。社区工作通过专业人士、政府部门、民间组织的介入，动员区内居民参与，整合区内外资源，以解决社区问题，改善服务设施及环境，提高居民的生活质素。社区工作方式主要有小组工作、社区外展工作、社区互助网络建立工作、社区活动和社工义工联动等。

1. 小组工作

小组工作主要通过鼓励小组互动和凝聚内聚力来推动教育和治疗，增强和发挥集体力量。社区社工较多以小组形式来组织居民，以便就社区问题及情况进行讨论及倡议，也可以组织不同需要的社区群体成立自助互助小组，以增加群体间作为“同路人”的力量和支持。小组主要有四大类型。

■开放式响应社区需要小组：例如“四点半学堂”，以开放式小组形式吸纳一群在下午4时30分放学后的学生来中心做功课，以避免儿童因家长工作而被独置家中的问题。

■发展性响应社区需要小组：例如“青少年自我认识及义工小组”，就是一个固定服务对象人数，采取封闭方式，以自我认识、人际交往为内容的发展性教育小组；而组织组员参与社区义工服务，可避免青少年朋党的问题。

■治疗性自助互助小组：例如“互爱妇女小组”就是以封闭方式，邀请曾受过虐待的妇女参加7节互助性治疗分享小组，以组织组员参与家庭危机意识社区宣传活动。

■特别群体自助互助小组：例如“中风患者及其家属自助互助小组”，就是由中风患者及家属组成的半开放小组。该小组定期进行病友聚会，目的是使组员分享患者心路历程和康复经验，发挥同路人互相支持的精神；同时，组员还得负责小组的各项工作，体现让组员自己当家做主的自主助人原则。

2. 社区外展工作

社区外展工作是指社工走出中心来为社区提供服务。常用的手法包括家访、与社区工作站的协作活动、走进学校提供服务、与社区老人中心等合作提供服务以及协助街道妇联与民政等部门探访慰问孤寡、低保家庭等。

3. 社区互助网络平台

自助互助是一种以社区照顾为主要内容的重要社区工作。社区照顾是在强调支持网络对服务对象重要性的前提下，主要针对弱势群体（长者、残疾人士及其家庭等），协助其在社区重新建立支持网络。发动服务对象及其家庭、邻居、区内的志愿者共同参与，传递自助互助信息，是社区互助网络平台的本质。

4. 社区协作

社区协作，即促进社区内外的合作及沟通，充分运用社区网络，整合现有资源，为社区内的弱势群体及其家庭提供社区服务。它强调现有资源的整合和运用，比如社工会主动转介和整合提供类似服务的其他机构，以减少服务的重复和浪费。此外，社工还会主动与区内外机构协作，以便将合适的服务引入本社区。

5. 社区活动

社区活动多以宣传拓展、凝聚社区、家庭教育、主题推广、资源联动等为主，分为大型活动（超过200人）和中小型活动（20～50人）。活动场地可以是中心也可以是社区学校等，户内、户外皆可。通过筹备活动，社工通常都需要协调多个单位、整合多方资源。比如要想筹备一个户外嘉年华，社工不仅需先征得街道妇联、社区工作站的同意，而且还要物色一个合适的场地，筹备音响、座椅等设备，这些都需要街道的积极支持和配合。现举例如下：

■应对性节日活动："母亲节"康乃馨的寄语，"儿童节"嘉年华。

■主题性活动：妇女健康之白丝带运动、不要暴力只要爱之反家暴社区宣传活动。

■家庭讲座："三八妇女节"女性家庭压力与情绪管理讲座、快乐工作坊系列讲座。

■康乐活动：莲花山家庭旅行、少年宫之旅。

在目前许多居民还不知道社工为何物，也不了解社工功能的情况下，定期举办社区宣传活动，无疑是社区工作的一个极其重要且必要的环节。尤其是社区综合服务中心成立之初，在中心外围开辟展览，或以游戏吸引居民的注意，对于让中心成立的消息晓谕社区，则显得更为重要和必要。当然，达到宣传目的的方式可以多种多样，简单的如派发中心宣传单张或活动单张，复杂的则如搞一个社区嘉年华，等等，这些无疑都是提高社区居民对社区服务知晓率的重要手段。

6. 社工义工联动

义工又称为志愿者，这已是中国的一种庞大社会资源和发展成熟的组织资源。一般而言，志愿者组织都须在义工联合会登记注册。社工可借助社工义工联动，充分利用义工来协助社会服务工作的推广。通常的做法是，由社工来带领社区综合服务中心管辖的义工队伍。而社工在充分考虑义工参与义务活动动机的前提下（这些动机通常包括个人学习和成长需要、获取个人内在满足感需要、结织朋友并获得他人肯定需要、担当社会责任并获得社会认可需要等），分门别类地安排义工参与中心举办的相应活动，并为义工提供个人成长培训课程、义务工作技巧训练等综合配套服务。此外，还可定期举办义工嘉奖典礼，以使义工的付出获得社会认可。成年义工队伍的活动和培训，通常包括阳光义工队拓展培训、义工队戏剧表演等。少年义工队伍的活动和培训，则包括阳光少年军之小小义工队计划、组建小义工团队等。中心可为义工提供实践和服务社会的平台，促进义工的全面发展。

1.3 服务对象

社区社会工作的服务对象包括社区内的所有居民，他们是：辖区内所有持有效户籍的居民，非本社区户籍的居民（视乎各社区工作站、街道办事处或区政府登记记录而定）。由于社区社会工作是以响应区内不同民众和群体的需要为出发点的，所以其服务对象亦较为广泛，工作内容可打破各领域服务受既定服务对象制约的束缚，填补民众需要的服务空隙。就社区社会工作的宏观发展而论，除具体的民众外，社区的发展也应是社区社会工作对象的一个重要组成部分。它包括培养区内各群体之间的互助精神，增强居民对社区的归属感，建立和谐共融的社区关系，等等。

1.4 社工机构、用人单位对派驻社工的管理及权责

根据《深圳社区综合服务中心标准化建设规范的通知》，社区综合服务中心与用人单位（街道办）之间为提供和购买专业服务关系，中心与用人单位以及其他社区组织在行政上不是隶属而是合作伙伴，相互支持与配合。这是这一关系形态的本质。社区综合服务中心的管理，应以政府机构（街道办）为主导，政府机构应在行政和服务上为社区社工提供指导与支持。其内部行政管理应由社工机构派驻的见习督导、督导助理、组长等具体负责，而中心的专业工作则由社工机构派驻的初级督导、见习督导负责指导和监管。

社工机构与用人单位合作时需要注意的主要事项如下：

■分工明确，职责清晰。

■多沟通，避免因多头管理、指令不一而导致前线社工工作混乱。

■建立合作平台，有效运用社区社会工作资源，并使经费和资源管理制度化。

■共创社会服务工作理论，累积社会服务工作经验。

■在社工督导、社工评核方面多沟通。

■共同创新服务方向，探寻服务新理念。

1.5 建立服务的过程及主要步骤

虽然社区综合服务中心在日常运作、管理方面有较大的自主性，但在推行服务时，中心仍然离不开与社区内不同机构的合作与协作。事实上，只有通过合作和协作，社工才能充分把握形势、了解需要并有效整合和利用资源，切实响应社区需要。社区内的政府机构，以街道办和社区工作站为主，还包括学校、医院、企业、党团组织、老年学会等。

1.5.1 社区综合服务中心如何走进社区

1. 步骤一：未正式进驻社区阶段

目的：为日后与社区内各政府机构协调以顺利开展社区社会工作奠定基础。

由于进驻社区的社工，只有依托社区内各类机构的支持才能有效地开展工作，为协助社区综合服务中心更顺利地与社区机构建立联系，中心主管及本土督导应当界定社区内重要的利益关系人例如区内街道办主管、社区工作站站长或其他相关机构领导，并主动拜访约见。

会面内容主要是互相认识、向领导说明中心功能、社工角色，以及磋商中心与工作站/街道办之间的沟通及协作模式。

会后，中心主管宜向领导、社区各机构工作人员简要介绍中心及其负责人、主要工作人员及其职责。这可作为中心进入社区并与社区机构建立关系的一种确认，其目的是让社区机构工作人员知晓，日后双方将要持续发展的是一种合作关系。

中心主管可预备一些中心宣传单张向工作人员派发，更可将部分单张放置在各社区机构显眼处，供居民/员工等取阅（必须先征得相关领导许可）。

另外，社工需收集各种有关社区的资料，包括人口分布、经济、就业、社会服务、政府分布、地理环境、历史及最近发生的社区事件等。

2. 步骤二：进驻社区初期（1～2个月）

目的：加强社工与社区工作站人员之间的联系，增进社工对社区情况的了解，促进彼此间的协作。

针对社区工作站，应主动与社区内各重要利益关系人建立联系，了解他们的价值观、兴趣及相互间的关系等。

主动了解工作站近期的活动情况，并与站长探讨有无合作空间，比如在活动中安排环节让社工介绍中心服务，或在活动中设置咨询/宣传站，以向参加者派发宣传单张及活动资料。

界定社区切入点。在这一阶段，社工需要多花费一些时间进行社区宣传及关系建立工作。在参与工作站的活动时，社工可能没有确定的身份，但社工应放下顾忌，在活动中积极寻找与参加者接触的机会，认识社区领袖，向参加者宣传中心服务。

有可能的话，社工还应多与社区内各重要利益关系人展开接触合作，以便共同开展活动或工作。界定各居民领袖，弄清他们各自的定位，如谁负责行政、谁负责动员、谁负责发表意见等。同时，亦可发掘潜在领袖，并了解他们的价值观、兴趣及相互间的关系等。

针对居民、社区领袖，利用下文提到的“切入社区12招”，进行社区了解及居民接触。利用社区内任何可张贴的告示栏贴出宣传海报，内容为社区综合服务中心简介、社工自我介绍及活动信息等；也可向社区领袖派发自己的名片和中心宣传单张。

3. 步骤三：进驻社区中期（3个月）

目的：确立常规性社区宣传方法，加强居民对综合服务中心的印象；进一步确立社工工作面，探索出一套与社区机构如工作站、学校、医院、企业、老年学会等协作的有效方法；确立介入对象群体及介入策略，为日后开展实务工作打下基础。

拟定具体事件/群体介入策略，并向相关社区机构领导介绍和说明，例如中心发现涉及外来工的社区问题，便要制订介入计划，然后向企业主管进行说明；拟定介入策略应与相关社区机构的日常工作相配合；如情况允许，应与相关专干展开沟通，促进合作；中心主管或本土督导应在此时与社工一起拜访相关机构的领导，协助社工顺利开展计划；制作各种宣传资料，开展多样化的社区服务宣传推广活动。

需求界定按照以往的经验，社区中较常出现的实时需要包括：空巢老人；婚姻家庭关系；子女管教；青少年成长；劳资纠纷处理/关系建立，包括企业与员工之间的关系，雇主与家佣之间的关系；邻里关系；社区卫生及公德意识。

总体而言，社工应通过各种方式的实时介入，推动社区长远发展，提高居民凝聚力，让居民有能力解决问题，提升整体生活质量；同时，还应发掘社区领袖，以便整合集体力量推动社区的发展和社区管理制度的变革。

1.5.2 切入社区12招——社工如何进入社区，了解居民需要

对很多初入行或者初次接触社区社会工作的社工来说，社区有如大海，一望无际；要从中找到居民需要，更如同大海捞针，茫无头绪，社工往往会因此而感到无助和沮丧。其实，社区不仅是社工的工作环境，而且也是社工的服务对象。面对这个服务对象，就如同面对一个案主一样，它本身不仅会有问题、困难和需要，同时也会包含资源和潜能。因此，我们要对这个“服务对象”抱着“好奇”、“关心”的心态，对它进行更深的发掘、探索和了解。以下的“切入社区12招”是通过整合前人经验而得出的各种切入社区的工作方法，可以帮助社工进入社区和熟悉社区。当然，社工们也可以通过自身的经验对此作出补充和改良，推陈出新。

1. 社区漫步

于不同时段在社区中踱步，一方面，可了解社区的环境和面貌，如街市、公园、球场、购物中心、企业等；另一方面，也可观察居民的生活情况。

2. 实地研习/考察

观察是指从旁观察，即在社区内顿足注视居民及组群的情况，包括打扮、行为、互动、谈话内容等，而考察则有参

与其中的含义，如与居民及组群闲聊，又或者利用调查问卷等具体了解目标社群。在观察过程中，社工应展现亲切的态度，保持微笑的面容。

3. 拜访

拜访社区领袖、居民组织或相关部门，如街道办、社区工作站、老年协会、老年大学、居委会、物业管理处等，以了解其生活、运作模式，并建立初步关系，以便日后与他们进行合作。

4. 社区服务机构

观察、了解社区里的服务机构，弄清它们的分布情况，如街道办事处、派出所、学校、医院、卫生中心、部队、家庭服务中心等。

5. 社区“气象站”

从观察中留意、确定社区内居民非正式的聚集地，这里通常是居民讨论社区情况或“八卦”的场所，我们称之为“社区气象站”，这是收集居民生活信息的有效平台。

6. 活动、服务、个案

尝试参与该社区内不同组织筹办的活动或服务，如笔者经常在社区内见到居民打麻将或下棋，社工也可以尝试参与其中，以便与居民“混熟”。通过在互动中“八卦”居民闲话家常的议题来了解社区问题，如邻居的“家事”、社区的卫生问题、子女读书问题等。至于工作站，则常有居民“上门”求助或办理不同手续，如新住户登记、残疾人服务申请、婚姻登记、新生儿登记、长者优惠申请、调解服务申请等，社工可在居民办理完手续后，主动与居民聊天以了解更多情况和需要。

7. 街站、街头小聚、游戏站

相对上述方法而言，街站、街头小聚和游戏站等，都可以是社工主动与居民建立接触的方法和途径。

8. 特定工作组、项目

在工作站内，社区的各位专职干部分别负责不同的社区事务及项目，包括和谐社区建设、消防安全、环境卫生、人口统计等，社工可主动向专职干部了解与社会工作有密切关系的项目，并要求参与和提供协助。这也是一种有效了解工作站及社区情况的有效办法。社工协助或参与的目的，是了解工作站和社区情况，而非把专干负责的工作揽在自己身上。社工需要在事前就此与专干进行有效沟通，以免导致误会。

9. 特殊事件介入

社区内经常会发生不同的事情，如邻里冲突、自杀事件、交通意外、卫生问题等，社工要懂得把握时机做有效介入，这样不仅能协助居民解决问题，也容易得到居民的认同并进而与居民建立信任关系。这里所提到的介入，不是要求单凭社工一己之力去解决问题，而是要求社工对事件保持敏感和关心的态度，迅速响应并做出行动，以便有效协调居民及社区资源参与并解决问题。

10. 家访

家访是相对较为微观的介入方法，可在社区工作中配合其他方法使用。家访的重点不单纯在于个别介入，而应该是为了通过不同的家访，了解居民或特别群体的实际生活面貌，整合出集体的需要。

11. 社区调查

社区调查是一种可以帮助社区工作社工了解社区居民需要及情况、激发居民对社区的关怀意识的科学化的工作方法。调查设计应预先拟订好探讨主题，或是针对特别组群的需要，否则会事倍功半。

12. 资料搜集

对于社工而言，无论是政府还是其他社会机构所拥有的统计、报告书、互联网信息、区报、图书等，都是经过整理的社区资料，社工不妨借用和参考，以便更深入地了解社区的历史文化背景与现实状况。

以上所提到的各种方法，很多都能综合运用，而且彼此之间没有很清晰的界线和先后顺序。虽然这些方法在社工切入社区的初级阶段更具使用价值，但其用途绝非如此。事实上，笔者认为，反复将这些方法运用于社区社工的日常工作过程中，将有助于社工保持对社区的关注热度，并在持续互动过程中增进与社区的联系，与居民共同成长，和社区同步发展。

1.5.3 建立服务流程和模式

1. 社区社工服务流程

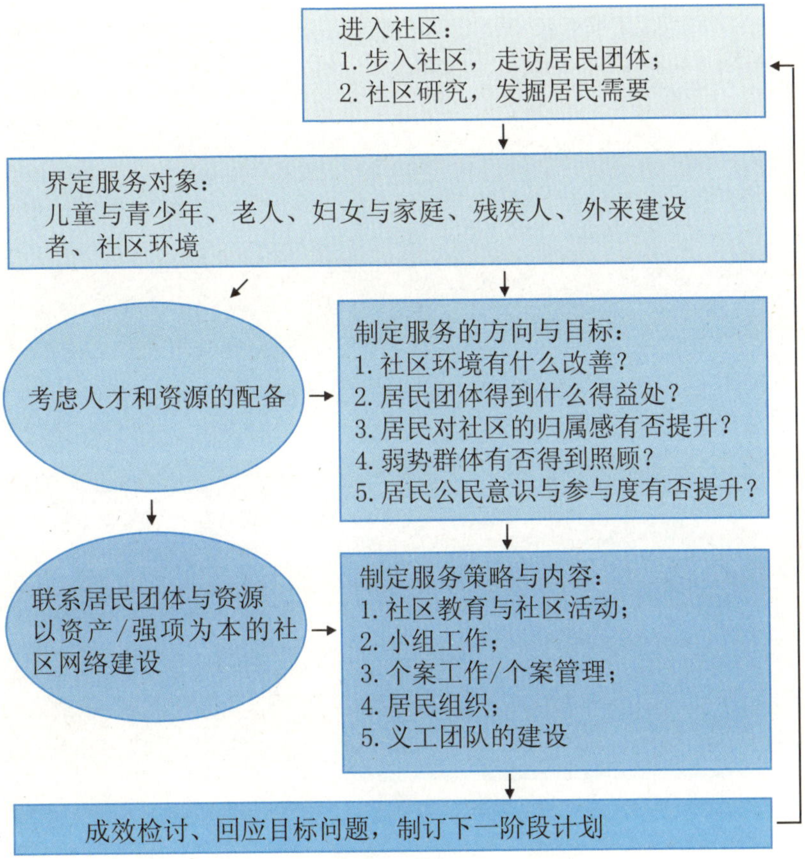

图1.1　社区社工服务流程

2. 社区社工服务模式

寻求社区稳定的发展方向，以资产为本的社区发展模式/手法（asset-based community development,ABCD），不仅是较新的社区发展概念，而且也符合中国的国情和现实需要。有别于以往只关注社区问题或需要，这种新的模式在联系和联结社区团体的基础上，积极寻找社区发展优势（strength-based），以谋求社区的发展。事实上，每个社区都有各自的特色和优势，因而，社工应从关注社区需要、社区问题转移到社区资本的发现上来，通过发掘社区优势，确认并联系社区中的团体和人员，将其视为社区的社会资本予以整合、协调并有效运用，是满足社区人士需要的根本手段（Kerka,2003）。

何谓社会资本（social capital）？依据社会学家普特南（Putnam）的理论，社会资本代表着社会关系的凝聚力和质量，也就是诸如信任（trust）、规范（norms）、合作能力和关系网络（network）。通过对社会资本的整合和协调，进而提高其利用效率，是社会资本理论的出发点和归宿（Putnam, 2000）。 纽顿则从三个方面来理解社会资本：①社会资本是由公民的信任、互惠与合作等一系列态度和价值观所构成的；②社会资本的主要特征体现为将朋友、家庭、社区、工作及公私生活联系起来的人际网络；③社会资本是能够推动社会行动的社会结构和社会关系的一种特性。因此，社会资本指的是社会组织的一种特征，它是能够通过协调、共识而关联起来的行动，增强社会人群之间的互信，使人们可以互相依存、共同生活，是以提高社会效率为目的的社会网络的本质。尽管社会资本如同一种无形的财富，但它的累积与凝聚，却可以创造有形的、丰富的经济效益和社会生活，因而也是社会整体发展的重要因素（参见《学习时报》）。

●建设社会资本

即关系网络的建立。要建构社会资本，就要把社区中的组织联结起来。所谓社会网络也是关系网络，社工要为这些组织的联系筑桥铺网，一个重要方法就在于找到双方的共同目标，使它们互惠互利。要辨识社区中的团体，可以从三个层面出发，即政府组织、民间团体、社区居民。

■政府组织——与街道办主任、事务科科长、社区工作站站长、妇联主任等建立联系，争取支持；政府组织的目标是希望社区能和谐、居民能守望相助。社工若有好的活动计划，能起到配合社区需要、团结居民的作用，可争取街道办和工作站的支持。街道办的经费中有部分被安排用于构建和谐社区，所以只要是有利于社区居民的活动，他们是乐意提供支持的。

■民间团体及其能力——联系广大居民、文化团体、各级机关，寻找合作的空间，推行合作方案，以充权为本，协助弱势社群。民间团体的目标，是希望为居民能在社区内安居乐业、老有所养、幼有所长而开展有益身心的活动。深圳的民间组织类别包括青少年服务团体如学校、幼儿园、关心下一代工作委员会、共青团；老人服务团体如星光老人之家、老年大学、各老年活动团体；家庭服务团体如阳光家庭服务中心；残障人士服务团体如社康及医院；社区教育及环保团体如科普、社区教育专干；劳动保障如劳资和谐工作室。社工可以先了解每个民间团体的专长和目标方向，以他们的服务对象为自己的服务对象，设计适合他们的计划内容，得到他们的支持，以协调和动员服务对象参与社工活动和服务。

■社区居民才能——发掘社区居民的才能，鼓励社区居民依据自身兴趣和才能加入各种义工组织或提供有偿的便民服务，强化居民间的凝聚力。在增强社会凝聚力方面，在考察时可参考以下几项：①居民的能动性——是否自动自觉协助他人。②信任和安全感——是否将社区当做家庭一样。③差异化的承受力——能否接受别人与你的不同之处。④生活价值——是否满意自己的生活。⑤鼓励和推动居民参与的手法有：开展社区教育，树立居民参与社区活动的正面价值；促进社区参与，社群的参与程度、会员是否参与了处理社区紧急事件；加强邻居联系，使邻里在生活上互相帮助；增强家庭和朋友的联系，增加联系的密度；强化工作联系，提升工作关系中的团队精神。

●社区资源整合

除了本机构资源以外，社工也可以考虑整合社区的其他资源，资源整合还是应该从上述三个层面，即政府组织中的公共设施资源、民间团体中的网络与财力资源、社区居民的能力与才华为出发点而展开的。如果社工能够按照以上指引建立社会联系，那么社工在社区中的人脉关系将会极大提升，从而拥有丰富的人力和财力资本。

■机构资源：机构有责任提供社工的活动经费，特别是维持常规活动和开展社工宣传活动的经费。

■公共设施资源：社工可以针对社区中不同的居民需要，依据提供服务的目标，申请有关经费或协调项目资源，以开展以下活动。

（1）社区教育。每个工作站均设有社区教育专干，负责推行政府提出的主题活动，例如针对和谐社区、“大运会”期间的文明礼貌宣传、敬老活动，甚至是节期、文娱康体活动等，社工均可申请资助以便在社区中举办相应的活动。

（2）儿童及青少年发展。每个工作站都设有负责青少年工作的“关心下一代工作委员会”，社工可以向工委会申请资助，与区内学校合办活动，如暑期活动、学生发展、领袖训练等。

（3）星光老人之家/老年活动经费。社区中不同的老年团体如老年大学、文娱康乐队伍，他们本身就已得到了政府的资助。

（4）科普/环保组织项目。协调合作，举办普及科普和环保活动。

■社区居民的能力与才华包含如下几个方面的内容：居民组织的人力资源：社康组织中的医护人员、大专院校学生、阳光家庭服务中心、老年大学均可提供人力资源，以协助社工举办活动，并推动社区的建设。例如，桃源社区工作站的社工，通过与社康中心的医生联合家访精神病康复者，并开设小组活动以改善他们的精神面貌。

■个人才能资产：来自社区居民的个人资源。

（1）社区服务商：意思是中心可建立服务商团队，提供便民服务，如幼儿照顾、学童功课辅导、老人剪发、送餐、平安钟、家居维修等。

（2）义工服务团：鼓励居民关心有需要的人，进行探访、关怀，为给不能负担收费服务的弱势群体提供服务。

●人力配备和分工

在谈及社区服务中心的人力配备和分工之前，必须先了解服务中心的运作条件和机制。相信以下的机制若能实践，对社区的发展将会有很大帮助。

■服务中心宜承接工作站的服务，即为工作站提供服务。

■社工在开展服务时，可按照社工的专业自主性，依据居民的需要制订计划。

■中心主任需有能力协调资源，而且社工能较自由地动用机构或工作站的资源，可按相关规定申请资源，做到有据可依。

■将社工的工作纳入监督管理中，使社工能接受监督和监察，服务中心亦须设服务主任和副主任，由见习督导及助理督导职级人士担任，分别管理2～4名社工，并各自负责不同的项目领域。

■社工团队宜配置活动助理员，以减轻社工日常行政任务，以专注于服务发展。

人力资源的配备需依据服务人数和服务内容而制订，但对于目前依照社区工作站模式而建立的综合社区服务中心而言，较为理想的人力配备情况如下。

（1）主任：能了解社区情况，联系各职能部门，掌握及协调不同资源，包括社工机构、政府组织——街道办、工作站等。

（2）副主任：能了解社区情况，统筹规划中心整体发展方向，制订年度工作计划，督导社工。

（3）社工：3～4位，专职服务不同领域的居民，包括老人、青少年及家庭、社区建设与教育、弱势社群、便民服务等。

（4）活动助理/文员：2～3位协助社工推行服务，负责对外联络，并开展行政协调。

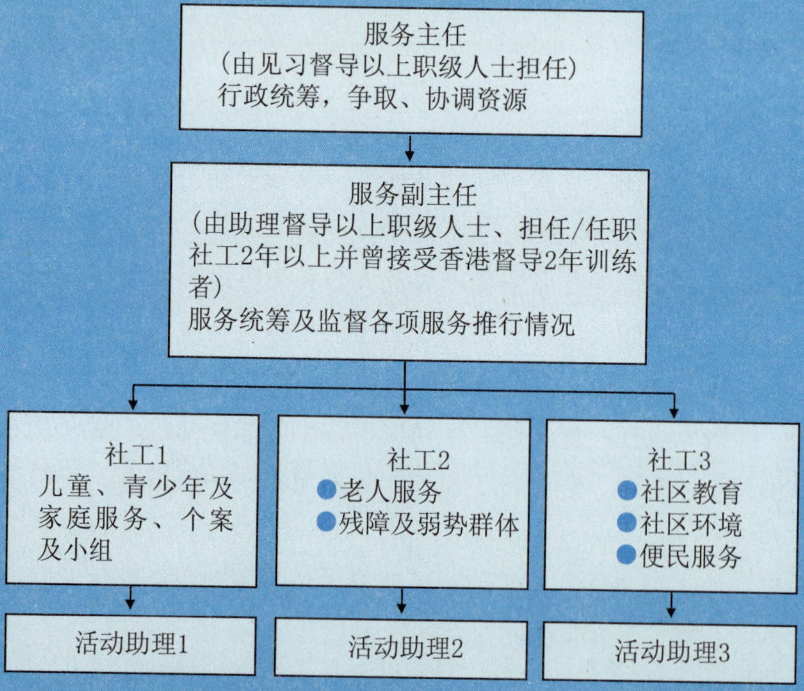

图1.2 社区综合服务中心人力配备架构

●综合服务中心年度工作计划及个人年度工作计划

■服务中心配合社区特殊需要而制订的年度工作计划或配合政策的行动计划——服务中心需依据社区的实际情况，适时推行的重点主题是预防社区问题、修复社区问题、社区发展等中心年度目标，也可依据政府所确立的方向来制订计划，如“和谐社区”、“文明城市”等。

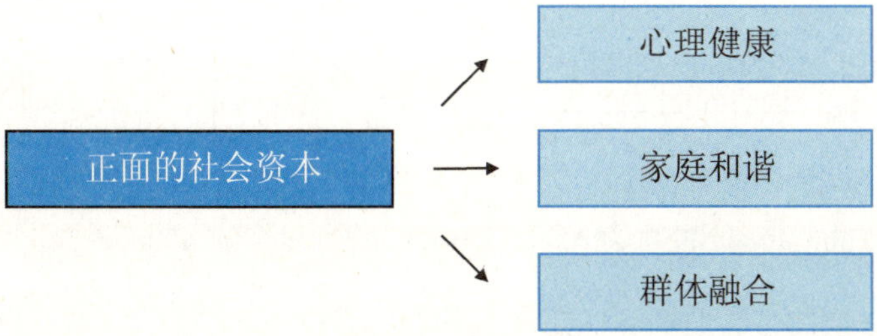

图1.3 正面的社会资本

■社工的个人年度工作计划——社工在制订个人年度工作计划时，应根据所服务对象(居民、社区环境)的需要或服务对象所期望的结果来确立工作方向和目标，将中心所制订的目标具体落实在个人的工作计划中。例如，中心工作计划的主题是“和谐社区”，目标是强化居民的凝聚力；而社工个人工作计划则是立足自己的岗位，向不同年龄段的居民团体宣传参与社区建设的正面价值。其具体内容包括：强化凝聚力，即通过社区教育，鼓励及强化社区参与；建立及强化正面社会规则，减少社会排斥、边缘化、标签化等负面影响；加强公德心（civic mentality）、社会宽容（tolerance）、社会良知（social conscience）的培养。而推动正面价值则是指立足于天生我才必有用，肯定和发挥个人力量；将每一个人皆视为“施与者”；推行“施比受更为有福”的观念及实践；加强“贫”与“富”之间的联系，达至互惠和资源共享；肯定知识和经验的交流比物质上的收获更宝贵；合作的模式就是建立互信的先导；透过互相之间帮助，鼓励关怀体谅。

以上社区社工的目标和内容，适合不同的居民群体，包括老人、儿童、妇女等。其具体的工作手法可包括小组、社区大型宣传活动、讲座、网络组织联系活动等，社工不妨都灵活地加以运用。

1.5.4 建立服务管理制度和相关表格

1. 个案/调解服务管理

个案来源：
- 主动求助
- 街道、工作站转介
- 外展接触（活动、宣传）

初步评估：了解求助者求助的性质、需要、问题，进行分流

只属咨询性质/求助者未同意开案/社工评估不需要开案者，则只做咨询记录

获得求助者的同意，协议开案：
- 首次面谈，进行评估
- 危机介入，开启档案做面谈记录

如不属于中心服务范围之内的个案，可运用社区资源转往相关机构寻求援助

续图1.4

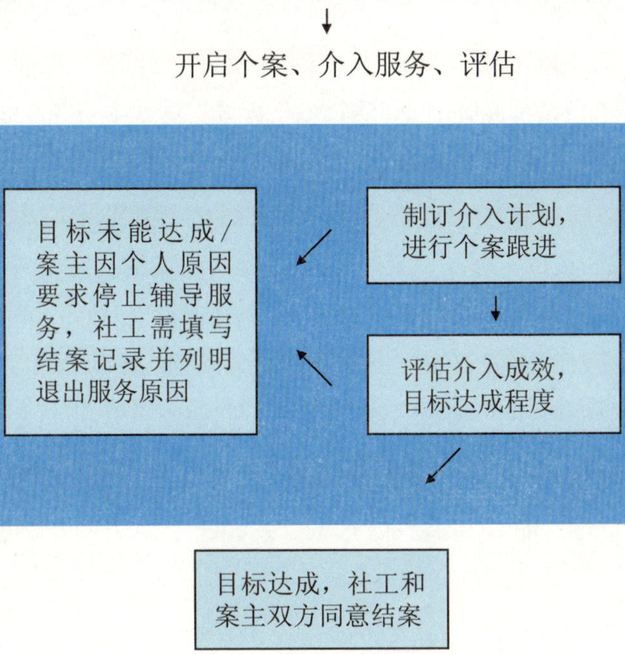

图1.4　个案/调解服务管理

2. 义工招募及管理流程

义工又称为志愿者，在中国内地是一种庞大的社会资源。以往义工都是由社区工作站人员按实际需要招募，用以协助推动有关社区活动，义工以个人名义参与，未能形成义工队伍的团队工作意识和形式；而社区综合服务中心所构建的“社工+义工”联动模式，则可以极大地发挥居民义务工作的潜能，提升居民对社区的责任感和归属感。从社区社会工作发展的过程来看，义工是社区工作的宝贵资源，同时也是社会专业服务不可或缺的重要支持。有效整合社工、义工两种人力资源，更好地为社区居民提供服务，是“社工+义工”联动模式的本质。依照下述原则招募义工，并为义工队伍建立一般工作规程，是“社工+义工”联动模式的基础工作。

●义工招募

成人义工的招募可作为中心常态化工作之一。通过海报、宣传单张及户外设点等方式，向社区居民发布义工招募通知，并进行定时定点招募，以吸引社会人士参与，是成人义工招募的基本形式。考虑到义工管理、培训等需要，方便管理，能有效发挥其功能的成人义工团队的最优规模，通常以每支义工队伍50人为限。

小义工招募则应规定人数，并按照周期进行。例如，每半年为一期，一期招募10～15人，以8～14岁的儿童及青少年为招募对象。

●义工注册

筛选之后，对符合义工招募条件的人员进行信息登记和注册。按照国家关于义工管理的规定，如需独立招募并管理义工，则需持中心的服务执照和所需招募义工基本信息向义工管理部门提出申请，经批准获得独立管理和使用义工资格之后，才可合法地使用、管理和培训所招募的义工。

●义工培训

义工培训不仅是义工组织的一项主要工作，而且也是提高义工队伍服务能力和综合素质的关键。提升义工整体服务素质，是义工队伍生存和发展的必要条件，中心义工队伍不只是一个贡献社会的自愿组织，更是社工服务的基本对象。为此，中心需要对义工开展相关培训，使他们明确自己的权利和义务、责任、态度以及活动要遵循的原则，而且还会进行服务项目专项培训、领袖能力训练、团队拓展训练以及举办义工兴趣班等，使义工在专业培训中得到成长；而小义工则应该完全被视为社工的服务对象，因而所谓培训乃是为其设计和制订一整套成长和发展计划，在向其传播社会工作理念的基础上，为他们提供更多的发展机会和更大的空间，让他们在充满鼓励和启导的环境中发现自己的潜能、发展自己的智慧。

●义工工作分配和奖励制度

有效、正确的义工管理和义工使用方法，就是根据义工的兴趣爱好及特长将义工分成不同的小组，如老人关爱探访小组、社区宣传活动小组、户外活动小组、环境卫生保护小组、社区小记者小组（各小组按不同的社区需要进行划分）等让其开展工作，同时还需要制定相关的奖惩制度，定期对义工进行考核，并对提供优质服务的义工给予适当奖励，而且必须批评和劝退违反服务原则的义工。

3. 行政工作与各类表格

●场地管理制度范例

××社区综合服务中心场地管理制度

××社区综合服务中心是丰富社区居民生活，开展多元化文娱、教育、社区建设活动的重要场地。为加强中心的管理，特制定本制度。

一、社区综合服务中心主要用于组织开展各类培训、小组、工作坊、会议等活动；

二、社区综合服务中心日常管理由中心人员负责，中心的各类管理规定由中心人员制定并监督实施；

三、社区综合服务中心免费向社区居民开放，中心正常开放时段居民可使用中心场地；

四、居民使用中心场地时必须遵守中心管理规定，对不服从管理、违反规定者，管理人员有权加以制止或拒绝其参加中心的活动；

五、爱护场地公共设施，严禁乱涂、乱刻、乱画，严禁在墙上乱蹬脚印；

六、自觉遵守中心的有关规定，严禁打闹起哄、打架斗殴等不文明行为，违者将予以警告；

七、自觉爱护中心的环境卫生，不乱吃零食，不乱丢纸屑杂物，不随地吐痰；

八、进入中心的居民，要举止文明，穿戴整齐。

●会议制度范例

××社区综合服务中心会议制度

一、会议类型

1.中心例会；

2.活动/小组工作筹备会；

3.来访座谈会；

4.义工会议；

5.督导会议。

二、会议举行时间及周期

1.中心例会每2周举行1次；

2.活动/小组工作筹备会根据每次具体活动时间进行安排；

3.来访座谈会根据来访人员的具体情况进行安排；

4.义工会议每3个月举行1次，具体时间根据中心工作计划安排；

5.督导会议每周进行1次。

三、参加会议人员及内容

1.中心例会参加人员为中心全体社工，会议内容包括上两周工作总结、下2周工作计划以及工作过程中的成功经验分享和工作难题的讨论解决；

2.活动/小组工作筹备会参加人员为活动的组织者和策划者，会议内容包括活动主题策划、活动物品准备、活动组织方式确立以及落实各人员负责事项、活动参加人员、活动程控；

3.来访座谈会参加人员为接待社工和来访人员，会议内容根据来访性质确定；

4.义工会议参加人员为相关负责社工和义工，会议内容包括义工服务经验交流、工作分享、义工工作总结与表彰等；

5.督导会议参加人员为中心社工，会议内容根据社工的具体问题和督导的要求设定。

四、会议规定

1.参加会议人员不得无故缺席，不迟到、不早退；

2.会议时间内不得吸烟、吃零食，打闹嬉戏，或做与会议无关的事情；

3.严格遵守会议其他相关规定。

●各类表格

■个案工作表（共4种表格）：

（1）个案家访记录表；
（2）个案基本资料表；
（3）个案访谈记录表；
（4）个案结束表。

■活动工作表（共7种表格）：

（1）小组/活动服务计划书；
（2）小组/活动报名表；
（3）小组/活动签到表；
（4）小组/活动检讨报告；
（5）小组/活动参加者意见回馈表；
（6）小组每节计划；
（7）小组每节记录及检讨。

■义工服务表（共3种表格）：

（1）义工报名表；
（2）义工活动计划书；
（3）义工活动签到表。

■其他工作表格：

（1）咨询/调解表格；

（2）家访记录表；

（3）来访登记表；

（4）值班表；

（5）物品使用登记表；

（6）会议记录表。

4. 所属社工服务机构的表格使用

■考勤表——督导助理必须在每月7日前统计中心考勤表并打印以供用人单位领导签名，然后报送或传真至所属社工服务机构。

■月业务报表——督导助理必须在每月7日前统计中心各组员的月业务量表及小组月业务量表，发至所属社工服务机构邮箱。

■绩效考核表——督导助理每半年1次对小组组员进行考核打分后，交由见习督导或初级督导进行分数审定。

■服务记录汇总表——督导助理每季度检查组员活动记录表，汇总后报送所属社工服务机构。

5. 用人单位行政工作

■周工作总结及计划——督导助理每周一早上收集各小组组员的周工作总结及计划，制作成小组周工作总结及计划，发至所属社工机构及用人单位邮箱（如本组有香港督导、见习督导或初级督导，也应附送）；建立在社区的中心还会根据所在街道要求，每周一上午参加街道工作会议并进行工作汇报。

■月活动计划及经费申请——督导助理必须在月底前组织组员讨论下个月的活动计划，并将讨论的内容制成文件，报送至所属社工服务机构及用人单位。

■月活动海报及宣传折页——督导助理必须在月初完成相关合作单位、组织（如街道、社区、学校、工厂等）的海报张贴及宣传折页的发放。

■活动计划书及评估表——督导助理收集各组员所负责活动的计划书及活动评估表电子版，整理归档，并于每季度发送至所属社工服务中心。

■用人单位要求的行政工作——督导助理按用人单位的要求，不定期地完成各种行政性的工作（如活动协助、行政表格等）。

1.5.5 建立安全制度

1. 家访安全制度及安全指引

●家访前的评估

社工进行家访前，应对受访者及其家庭情况有基本的认识，预先了解和搜集资料，以决定是否适合进行家访。为保障社工的人身安全，方便工作人员互相照应，建议家访时必须由两位工作员同行（最好是1男1女）。进行家访前尽可能评估受访者及其家庭成员是否具有危险性。例如是否曾做出过自我伤害的行为，是否有自杀/谋杀倾向，或是否曾滥用药物，或是否患有精神病及相关病症，或是否未能跟从医生指示服用精神性药物或有不肯服药的记录，或是否曾有犯罪记录及与暴力有关的罪行等，如评估结果显示受访者有上述类似行为，则需提高警惕，确保工作安全。

●进行家访前须注意的安全事项

■社工应以自己的安全为首要考虑因素；

■如受访者有潜在暴力倾向，须尽量避免家访，而应安排在服务中心接见；

■在办公室接见有潜在暴力倾向的服务对象前，应知会中心同事，以确保所需的人力支持；

■接见室内应备有警报器，以保障员工安全；

■如必须探访有潜在暴力倾向的服务对象，家访前须知会领导，并商讨是否需要与其他同事一同前往；

■进行家访时务必提高警惕，并知会中心同事预计回程时间；

■如进行家访的同事在预计时间尚未返回中心，中心须作出跟进，以确保其安全；

■应在家访前与受访者约定时间，如社工是首次面见受访者，或是怀疑受访者可能有精神疾病或暴力倾向，应安排其家人一同参加面见；

■女性社工不应单独探访男性独居受访者，男性社工也不宜单独探访女性独居受访者。

●家访时注意事项

■道明家访来意，保持礼貌、专业的态度；

■携带职员证，用以表明身份；

■携带手提电话，以便有需要时尽快求援；

■衣着要得体，避免佩带贵重物品；

■注意家居环境和潜在的危险性；

■抵达现场后，应立即在服务对象知悉的情况下致电回中心；

■尽量坐在安全的地方，如近门口，并留意大门的上锁方法；

■与服务对象倾谈时宜保持距离以免引起误会。

●其他注意事项

■出发家访前应留意天气报告，如天气恶劣或有雷暴警告等，则不适宜家访；

■出发前留意家访附近环境安全及交通情况；

■家访时不宜随便做出承诺或有任何金钱来往；

■家访时不可以收纳任何形式的礼物和馈赠。

2. 户外活动安全制度及安全指引

●活动前策划及准备工作

■依据参加者的需要和能力来选择合适的项目、场地，并安排人员；

■安排实地考察，以了解场地情况及设备状态，如地形环境以及是否具备厕所、升降机、斜坡及商铺等，在考察时，如有需要可拍照记录上述要点，以作活动计划参考；

■活动前，计划书须经单位主管审批；

■离境或外宿活动，须知会总办事处；

■如有需要，须知会有关政府部门，以策安全。

●活动当日工作

■户外活动前，须留意气象台所发出的特别天气报告，如台风讯号、暴雨警告讯号等，以决定活动是否如期举行；

■负责人必须向义工清楚解释活动资料和分工职责事项，以便活动能顺畅运作；

■详细检查以确认携带足够的医药用品、辅助器材，查验活动的相关资料、手提电话是否齐备；

■留意服务对象的健康状况，确定其是否适合参与当日活动；

■将活动资料放在中心的醒目位置，以便其他同事在有需要时查阅；

■活动前向所有协助职员、义工讲解当天活动的分工及注意事项。

●活动进行时工作

■先清点人数，若活动要中途转换场地，同样要先行清点人数。

■要注意安全和秩序，以防参加者走失或失控，不可擅自带领参加者离队。

■应为轮椅使用者系上安全带，如需止步等候，则需锁上手掣。

■注意服务对象的进食情况，避免发生哽塞。

■应根据天气情况提前采取预防措施，如天气炎热，开展户外活动时应预备帽子，避免在阳光下曝晒，涂上防晒用品，及时补充水分；若天气寒冷，须准备足够的御寒衣物。

■经常留意参加者对活动的适应能力和身体状况，以防超越其身心能力；提醒参加者如感不适，须立刻报告，以便工作人员做出特别照顾和适当安排，必要时须终止活动。

■有意外发生，视情况决定是否召唤救护车；如有需要，还可通知警方。

B

基本介入模式及方法

2.1 社区工作三重奏——社区工作拓展阶段及任务

社区工作虽不是社工的专利，但社工在推行社区工作时却自有一套相对独特的价值观、目标、理念、手法和模式。经学者的归纳整理，社区工作大致可以概括出四大模式，即服务提供、社区组织、社会规划、行动倡议（参见黄洪《社区工作模式》）。社工可以根据不同社区的需要和地方文化，结合自身价值观来选取不同的介入模式。有关社区工作四大模式的内容，坊间已有很多相关资料可作参详，这里就不做详细介绍。以下略述推行这四大模式的三种介入方法及所需要完成的任务，让社工执行项目的理念和方法更加清晰明了。

在其《社区工作模式》的教学讲义中，黄洪教授对推行社区工作四种模式和三个拓展阶段的任务已有详细分析。故而本手册将尝试以此为分析基础，再加入一些补充和阐释。社区工作的三个拓展阶段包括探索评估期、策动组织期、巩固检讨期。

表2.1 各时期的任务

模式 阶段及任务	服务提供	社区组织	社会规划	行动倡议
探索评估期	了解社区需要及问题： ● 了解需要 ● 制订方向 ● 申请经费 ● 招募人手 ● 同工及义工训练 ● 开设办公室	建立初步关系，确定介入的事件或工作对象： ● 社区漫步 ● 探访居民 ● 联络及拜会区内居民团体 ● 了解区内非正规网络的特性（时间、地点、内容、信息的传播） ● 与居民及组织建立工作关系	社区问题分析及社区联络 ● 社区研究 ● 组成不同咨询组织/专家会议 ● 联络区内的其他服务 ● 机构和民间组织 ● 与政府不同部门展开联络对话	● 发掘社区需要和问题 ● 选取介入的事件

续表2.1

模式 阶段及任务	服务提供	社区组织	社会规划	行动倡议
策动组织期	策划正规与非正规服务；训练工作人员及义工；组成不同网络推行有关服务： ● 宣传机构及服务（建立形象） ● 外展接触有需要的对象（上门服务） ● 为个别对象设计合适的正规及非正规服务（度身打造） ● 组成服务的传递系统	物色和发动参加者；与参加者开会商议；建立组织结构： ● 发掘资源和领袖 ● 组成不同类别小组 ● 领袖训练 ● 社区教育	咨询居民对调查研究结果的意见，整合及协调区内不同利益团体的意见，向政府有关部门反映及参与政策制定： ● 研究发报会 ● 公众聆讯会 ● 参与政府的政策咨询会议	动员居民，消除他们的无力感，鼓励其参与；组织居民，利用小组和居民大会商讨有关事件的对策；选出居民代表／领袖，加强组织和人力资源培训；向有关当局争取资源、反映意见

续表2.1

模式 / 阶段及任务	服务提供	社区组织	社会规划	行动倡议
巩固检讨期	建立内部行政、评估及服务改善程序；建立稳固且长远的资源系统（财政及人力）；发展新服务或向其他社区推广有关服务： ● 服务评估 ● 理论及模式总结	建立有代表性的居民组织；巩固各居民小组及居民的支持；与对象肯定工作成果；协助居民因应社区转变而制定新目标；制定撤离及跟进的部署： ● 成立长远的居民小组 ● 吸收新人及新领袖	向公众及政府发报调查结果及作政策建议；向居民汇报进展及成果；进行更广泛地区的研究或比较；发掘新政策或新问题作介入： ● 成立固定的咨询或专家小组 ● 定期追民意，跟进政策的成效和影响	检讨有否需要成立较长远的组织或更广泛的联盟；使有关争取的成果成为政策及日常运作的一部分而非是一次过的处理

● 社区例子一："四点半学堂"

■发现社区内很多低收入家庭因母亲要外出打工帮补家计，造成很多年幼子女放学后独留家中的情况；

■给予小学生课后补习，让在职母亲能继续上班维持经济收入，又避免儿童独留家中发生意外的问题；

■向街道办/"关心下一代工作委员会"申请拨款，成功申请经费，进行为期半年的课后补习活动；

■在社区内组织和招募义工成为导师及托管员，为学生进行家课指导、美术劳作和照顾等工作，有效利用社区本身的资源及发挥社区互助精神；

■在计划推行半年后形成检讨评估，发现成效显著，在其推动下，街道办/"关心下一代工作委员会"将该计划形成项目，推行于街道内的四个社区，由社区综合服务中心负责营运。

●社区例子二："长者关爱互助小组"

■ 发现社区内很多教育水平较低的长者于社区内无所事事或散步，并了解到区内近月发生多宗长者自杀事件及抑郁个案增加；

■得知社区内老年学会所提供的活动只适合教育水平较高的长者参加；

■社工联络多位在社区考察时较热心的长者进行会议，他们都同意区内长者活动选择性不多，导致长者因退休适应及疾病问题而产生厌世情绪；

■社工动员几位热心长者成为“关爱长者大使”，给予适当训练；

■经过工作站的协助，取得独居长者的资料，在区内展开“关爱长者大行动”，由受训的“关爱长者大使”进行探访，并邀请被访者参与定期“老友记聚会”；

■聚会人数慢慢增多，社工便促进组群成立“长者关爱互助小组”，定期举行探访及活动，并培育组内较资深及热心的长者，成为小组领袖，小组慢慢独立起来，由长者自行运作，社工从旁给予帮助和支持；

■长者成为“关爱大使”并参与社区活动后，认识了很多朋友并有了更多活动机会，区内长者抑郁问题得到了解决。

●社区例子三：养狗户引至环卫问题

■居民向工作站投诉，指区内养狗户让狗随处便溺，造成环卫问题；

■社工介入事件，向居民了解并与居民探讨问题；

■非养狗户提出反对居民养狗，遭养狗户反对并引起对立；

■社工邀请居民召开“居民大会”，鼓励以理性方式解决问题及以爱护自身居住的社区的态度进行交流；

■会议中得知非养狗户最关注的是卫生问题，并非是反对养狗；

■而养狗户亦提出，区内无“狗厕所”，故未能让狗到适当地方便溺；

■亦有养狗户表示，他们亦感到有少数养狗户没有公德心，狗便溺后没有人清理；

■会议总结出：要于社区中建“狗厕所”，要增强养狗户的公德意识；

■ 社工协助联络并带领居民代表到有关部门展开兴建“狗厕所”工程磋商；

■社工在社区内通过派发宣传单张、组织活动等形式，开展增强居民公德心的社区教育；

■社工组织部分居民成为“关爱大使”，在社区内巡逻，发现养狗户带着狗随处便溺时，立即提供报纸鼓励其清理，友善地派发宣传单张并指示“狗厕所”的位置，鼓励其使用公共设施，爱护居住环境；

■社工将养狗户组织起来，定期举行聚会以交流饲养心得，邀请社区内宠物店或宠物医院工作人员讲解狗护理知识和养护技巧，社区活动时还邀请养狗户带着狗进行驯服表演或进行宠物时装秀，在让养狗户及狗参与社区活动、增强归属感的同时，提高一般居民对狗及饲养狗的住户的接纳程度。

以上所举例子，只是为了让读者能更具体地了解社区工作介入模式及各阶段如何应用相关理论问题。不断实践，将相关理念和方法融会贯通，便能使这些理论成为自己“心中的剑”，灵活有效地应用于解决各种社区实际问题，回应社区的不同需要。

2.2 外展工作“123”——外展社会工作阶段模式

想要更有效地了解社区情况和居民需要，以便与特定群体展开接触，社工就不能只待在办公室里“守株待兔”，而是应该主动“走进社区”，接触服务对象。外展社会工作在香港较多被应用于青少年服务中，近年亦拓展至长者服务。经过10多年的经验积累，中国香港于20世纪80年代总结出了“外展社会工作五阶段模型”，内容包括确认阶段（identification）、初步接纳阶段（initial contact）、社交关系阶段（social relationship）、工作关系阶段（working relationship）、终结阶段（termination）。

笔者认为，以群体或个人为介入目标，是外展社会工作根本区别于以整个地域性社区为介入面的社区工作的鲜明特征。立足于社区的功能性目标，以社区街头为介入开端和介入场景的社区工作，在某种程度上也将介入对象指向社区内有共同背景、利益和特征的人群，所以“外展社会工作五阶段模型”的前三个阶段模型——确认阶段、初步接纳阶段、社交关系阶段的工作方法，同样能有效运用于社区工作实践当中，对社区工作的开展具有很高的指导价值。因而，本书尝试结合社区工作的具体内容和要点，介绍这一社区工作的三个阶段模型，以便让读者更明白这模型究竟是如何被应用于社区中的。

2.2.1 确认阶段

所谓确认阶段，就是社工新上岗或进入一个新社区开展工作的准备期。在外展工作中，这一阶段的首要目标是确定目标组群和对象，了解社区背景和特征，发展社区资源并建立外展社工的地区形象等，这些目标对社区社工在进入社区阶段而言也同样重要。社工在确认阶段的主要任务包括：

（1）尝试与各组群进行初步接触；

（2）选择目标组群；

（3）制订与目标组群进一步接触的行动计划；

（4）评估社区/群体的需要和问题。

建议社工考虑使用的介入手法：

■社区漫步：于不同时段在社区中走访，一方面，了解社区的环境面貌，如街市、公园、球场、购物中心等；另一方面，观察居民的生活状况，对社区中的机构分布，如派出所、学校、医院及卫生中心等有初步了解。

■现场观察和实地考察：观察是指从旁观察，即在社区内顿足注视居民及组群的情况，包括打扮、行为、互动、谈话内容等；而考察则有参与其中的含义，如与居民及组群闲聊，或者利用调查问卷等具体了解目标社群。

■运用定期街头咨询站等与社区居民和组群保持接触。

■造访或采访社区领袖、居民组织。

■运用已确立的评估标准来选择目标组群或对象，有针对性地了解某组群的情况和需要，如社区内养狗户、有年幼子女的家庭主妇等。

以上方法除了帮助社工有效实现确认阶段的目标外，还有如下四种辅助功能：

（1）降低新社工/社工到新的社区工作时对社区的陌生感。

（2）增加社工对社区和目标对象/群体的熟悉程度。

（3）让社工做好开展工作的心理准备。

（4）增加社工开展工作的信心，使社工明确工作方向。

在确认阶段，社工有时会对是否需要当即表露身份感到困惑和尴尬，建议社工在进行社区观察和与居民闲聊时，不一定要急于表露自己的身份。这样，社工才能观察到居民最真实自然的面貌并保持互动，避免居民因对社工身份产生不自然感觉而停止谈论某些议题。社工不妨以新搬来住户的心态来认识社区，这在某种程度上更能让社工融入社区。以“社区中的人”的角度了解和认识社区，更能设身处地地了解社区的情况和需要。

2.2.2 初步接触阶段

当社工已初步了解社区情况并确定某特定群体为服务目标后，便可进入初步接触阶段。这一阶段的主要目标是要确立与目标群体的初步接触，或对社区特定议题作更深的了解，从而掌握目标群体的处境和困难，或是对社区特定议题进行探讨并确立社工在居民和社区中的形象。

不过，由于社工在这一阶段可能仍未清晰地确认所有目标组群或社区议题，只掌握了有限的资料；而服务对象也尚未弄清社工的角色，甚至对社工进入社区有不自在的感觉。因此，社工在初步接触阶段的主要任务有六个。

（1）搜集更多与目标组群或社区议题相关的信息。

（2）与服务对象进行初步接触并建立关系。

（3）探索目标组群的需要和问题，了解组群内部的互动情况。

（4）通过社工的言行，让服务对象认识社工及其角色。

■部署日后长远的接触。

■有需要时，认识组群的领导者，如养狗户群体中的非正式居民代表。

建议社工考虑使用如下介入手法：

■了解社区机构（如工作站）针对有关组群或社区议题所开展的工作，主动争取参与其中。

■提供议题讨论平台或活动平台。

■通过已认识的服务对象认识并接触新对象。

■提供让服务对象可定期与社工接触的工作地点，可以是社区综合服务中心、社区工作站，或是社区内的常规聚集点。

■与服务对象建立有效联络，如交换电话号码、定期并定点聚会等。

此阶段是社工与居民正式接触、建立初步关系的重要时期。有些社工认为与居民在街头搭讪有一定困难，因为大多数居民尚未认识社工，这一步似乎很难迈开。的确，社工是一个刚发展起来的专业，居民和社会对社工感到陌生而产生不自然、不信任甚至抗拒，这都是可以理解的。事实上，从实际观察社工接触居民的过程不难发现，居民对社工的态度和反应并非想象中的那么抗拒，只要社工肯多花点时间介绍自己的工作性质，居民对社工还是能够接纳的。相对而言，初步接触阶段最大的障碍并非来自居民的态度，而是来自社工自己的心理状态。特别是对一些平日较少接触社会不同阶层人士、性格较为腼腆的新社工来说，要克服因担心居民的冷淡反应、不受控制而又多变的街头环境以及自身对工作不完全掌握等问题所带来的心理障碍，是开展这一阶段工作所需面对的最大挑战。

资深外展社工陈子升指出，习惯和装备是新入职的外展社工克服这些心理障碍的不二法门。他指出，习惯是指对工作环境和服务对象行为、打扮、语气等的习惯，而要做到习惯，就要从确认阶段的基础工作入手。前文提到，社工要做到融入社区，建立一种“自己人”的认识，并通过不断反复的社区观察工作，加强自身与社区的联系，这样居民才会因经常在社区内遇到社工而有“眼熟”的感觉，“自己人”的感觉也会油然而生。（温立文、竺永雄、陈子升，2010）

至于所谓装备，就是指一般可协助社工在社区环境中有效进行初步接触工作的前期准备，包括策略、技巧和资源等。策略和技巧主要是指社工准备以什么样的方式与居民展开沟通，是借题发挥还是单刀直入，又或者是以问卷调查还是社工咨询站作为接触渠道。进而，社工又如何能以恰当的沟通技巧有效引导居民展开话题，社工如何简单清晰地介绍自己，这都需要社工在接触居民之前预先做好准备。

就资源而论，社工可试想一下，假如忽然有陌生人在街头上前找你搭讪聊天，相信你也会有所疑惑甚至感到害怕。所以，社工在走进社区开展工作时，如可能的话，建议穿上印有“××社工”字样的制服，并随身携带工作证、名片及服务单张，以便利用这些材料与居民接触，从而使居民建立对社工的基本信任。

我国第一位进入太空的航天员杨利伟曾说：“机会是留给有准备的人。”虽然社区工作的环境多变，存在诸多不可预知性，社工未必事事都能完全应对，但有良好的介入准备和计划，的确能使社工有可依循的方法而增加成功的机会。有效的部署能增强社工接触居民和应付突发事件的信心、提高工作成效。

2.2.3 社交关系阶段

社交关系阶段对外展社会工作者，尤其是面对青少年的社会工作者来说尤其重要，原因是在突破目标对象的自我防卫机制进入个案深入辅导关系的过程中，青少年会增加对社工的好奇，并出现不同的试探行为。因而，彼此之间信任关系的建立相当重要。社工在这一阶段的目标是，维持与服务对象之间正面关系、了解目标组群的动态，通过深入了解服务对象的问题和需要来确立社工角色，为日后的专业辅导工作打好基础。

对于社区社工而言，尽管推进与社区内居民之间关系的发展，并不会因专业个案辅导关系的建立而结束，但个案工作却可被视为社工介入过程的有效方法之一。社交关系建立阶段的主要目标，就是要通过信任关系的进一步建立，尝试动员服务对象借助集体力量去厘定社区/特定群体的需要，从而做好组织居民的准备。

社工宣传活动（a）　　社工宣传活动（b）

图2.1 社工宣传活动

社区工作在社交关系建立阶段的主要任务如下。

- 建立与服务对象/组群之间的信任关系。
- 让服务对象确认社工的角色。
- 加强居民/组群对解决问题、满足需要的投入和参与。
- 评估并确认居民/组群所面对的问题与需要及其与社区之间的关系。
- 就居民/组群所面对的问题和需要，制定社区工作的介入方法，如社区照顾、社区教育、社区参与等。

建议社工考虑使用如下介入手法：

- 个别家访或面谈方式，解决个别居民的困难，满足服务对象的实时需要，促进服务对象在过程中的最大参与，团结居民，促进集体力量的发挥。
- 就特定议题邀请居民举行咨询会、社区讲座等。
- 鼓励和协助组群自行组织活动或聚会。

图2.2 安全讲座

图2.3 社工讲堂

图2.4 青少年沟通合作小组

图2.5 感恩老师·爱的鼓励

在社交关系建立阶段，若有居民/特别群体遭遇危机且需要帮助时，把握住时机向需要帮助者提供合适的意见和服务，无疑是最能改善社工与居民/特别组群之间关系的方法。因而，社工在处理事件的同时，还应当留意如何有效增进与服务对象之间的关系，增强他们对活动的参与热情。

总而言之，若社工能在确认阶段和初步接触阶段提前做好准备、打好基础，及时掌握社区情况和资源，那么社交关系建立阶段的介入便可能顺利得多。因而，开展社会工作不能心存侥幸，社会工作是有科学化的理念、目的、计划、步骤、评估所支撑的“助人自助”的专业性活动。即使对于工作岗位与社区工作相关的并非专业社工的人士而言，上述方法和模型显然能使其保持对社区情况和居民需要的灵敏度，有助于其工作的开展。

实务反思和挑战

3.1 "一站一社工"模式之SWOT分析

表3.1 SWOT分析

优势（strengths）	劣势（weaknesses）
●社工容易熟悉社区的环境和居民情况，了解居民需要 ●社工被工作站视为"自己人" ●较容易与站长协调，获取资源以开展活动 ●居民容易找到社工，寻求服务与协助 ●工作站可为社工提供协助，联系居民组织、学校等团体	●社工角色不明显，居民视社工为工作站成员之一 ●容易被工作站行政化 ●社工工作能否开展往往取决于站长的支持度 ●社工感到孤立无援 ●三头管理，社工既要满足工作站要求，又要听从机构行政指令，还要依据督导要求开展社工实务工作 ●社工工作时间过长，个案开展、小组和社区活动常于晚上和周末进行，而欠缺明确的调休制度/政策

续表3.1

机会（opportunities）	危机（threats）
● 以“居民”为服务对象，服务层面广，老人、儿童、青少年、外来工、妇女及其家庭、残疾人等都囊括其中，由于选择多，社工可依照个人的性格和特长来开展工作 ● 容易结合资源，有魄力的社工可联系不同的社区资源和群体，服务有需要的人 ● 自由度大，可发挥空间大，有魄力的社工容易取得成就感和工作满足感	● “居民”层面广，社工容易欠缺信心且找不到入手点 ● 社工容易被工作站人员同化而失去自身的价值观，甚至自愿被行政化 ● 社工因孤独而容易气馁，甚至因负面情绪多而出现职业倦怠 ● 由于社工十分清楚三头管理的优先次序为工作站站长要求、机构管理层的要求，最后才是督导的要求，因此，专业活动的开展往往是放在最后位置的

3.2 深圳社区工作本土化之反思及前瞻

深圳社区社工的发展，从“一站一社工”，到社区服务中心，确实有了很大的进步和改善。政府已经清楚地意识到，不能简单化地以行政手段处理社区居民的问题，引入社工理念、社区工作手法，协调社区优势、整合各类资源、凝聚社会力量以服务社区，被认为是理想化的社区治理模式。此外，深圳将社区服务中心附设于社区工作站，是十分明智的做法。服务中心必须与街道办/居委会/社区工作站联合，才更有利于获取社区资源、联络居民、提供服务。

社区服务中心要取得成功，需要三个方面力量的全力配合：一是社工需坚持提供具备专业元素的服务；二是政府机关能提供必要的资源，主动联系工作站，在行政上给予配合；三是社区工作站愿意与服务中心结成合作伙伴。现就此分述如下。

●社工专业元素的实践

社工的专业元素，包括对人的尊重与认同、对社工价值观的坚持，实践以人为本理念、以居民福祉为先。在推行服务时，应当立足于服务对象的需要，以预防、修复、发展为工作目标，综合运用社工知识、手法和技巧。这些元素的具备与否，是服务能否得到民众接受和喜爱的主要因素，也是服务成功与否的关键。

●机构的成长与发展

社工机构对社工的管理，不应只停留于行政层面，而是应该给予社工更多感情上和实际上的支持。机构应该明白，并非配置了社工便可以开展社区工作，用人单位对机构服务的态度和诚意，尤其是用人单位确立的机构财务透明度及其规章，是其诚意的重要表现。在主动与作为用人单位的工作站联系、强化沟通，并向其解释政策、立场并协调服务的同时，机构还需探寻自身专业服务的发展方向、发展策略，立足于实干，是赢得认同的支持的前提和基础。

●与社区工作站建立合作伙伴关系

社工、社工机构与社区工作站之间的关系，通常是很微妙的合作伙伴关系。将服务中心视为其一部分的工作站，通常会支持服务中心的工作。为优化服务，二者间会彼此合作，互惠互利，让社工在相对更好的环境里发挥所长，使社区居民得以享受社工服务所带来的实惠，其中资源的调度分配，无疑是最重要的一个环节。理解社工活动的工作站，为共同创造和谐社区，通常愿意协调资源。事实上，在社区工作站赋予服务中心资源配置权的同时，便使自己拥有了对服务中心的问责权，从而使得社工所提供的服务必须与社区工作站的发展主题高度适切，这种建立在双方满意基础上的合作伙伴关系，而维持这一合作伙伴关系的微妙均衡，无疑是社区社工发展的理想化条件。

不久的将来，社区综合服务中心或许会融合“阳光家庭服务中心”、“星光老人之家”的服务。这一立足于以社区为本理念，旨在使居民获得“一站式”社会服务的本质，在于资源整合与再分配；而相应地增加人手，提高服务的成效，则是服务中心发展的主导趋势。

典型个案分享

4.1 社区个案

多一句问候，多一丝关怀

1. 由关怀人出发，主动发现社区个案

居民阿花（化名）在朋友的陪同下前来社区开具经济困难证明。经济困难证明应在户籍地办理，故工作站未能开具。阿花非常焦急，忍不住在工作站哭了起来。社工主动上前问其开具证明的用途，由此得知阿花及其两个儿子正遭受家庭暴力，进而跟进此案件。

2. 以社区为本了解并介入个案

初次见阿花时，她的左额角有红肿伤痕，阿花告知社工她丈夫的暴力行为时有发生。社工界定此案为紧急个案，必须马上介入。在此期间，社工一方面与阿花的丈夫阿明（化名）面谈，另一方面向社区协管员、（阿花一家租住房子的）房东、邻居及其老乡等人了解他们一家的情况。社工推

断家庭暴力产生的根本原因是夫妻性生活不和谐及生活压力过大。

社工针对具体原因，与服务对象共同制订服务目标和介入计划。首先，向反家暴中心及救助站寻求帮助，让阿花及其儿子脱离暴力（动员社区资源作紧急支持）；其次，与阿花一同向有关法律部门咨询离婚诉讼和法律援助手续，协助服务对象寻找各方支持（鼓励案主参与了解政策和相关程序）；最后，与反家暴中心的心理咨询师联系，为阿明提供心理辅导，同时为他们的两个儿子提供心理辅导（以系统角色了解案主家庭需要，做出情绪支持）。

3. 社工成为案主与社区之间桥梁

在介入初期，社工很快与阿花的两个儿子建立了关系。社工十分担心母子三人的安全问题，于是很快联系上救助站，希望救助站能给他们提供暂时居住的场所。但两个孩子因害怕别人知道他们遭受父亲暴力的“丑事”而拒绝搬往救助站，于是社工协助阿花在离儿子学校不远的地方找了一间出租屋，他们的安全问题才得以解决，这让社工松了一口气。

阿花多次向阿明提出协议离婚，阿明要么坚持不肯离婚，要么假装答应，但不到半天便以两个儿子的生命安全威胁阿花。社工一边引导阿明使其情绪冷静下来，一边教他通过重复“我不能伤害儿子，我不能伤害老婆”等话语来进行心理暗示治疗，同时鼓励他去寻求心理咨询师的帮助。在此期间，社工持续跟进两个孩子的心理状况，引导他们正面解读父亲使用暴力的经历，并与他们就读学校的社工进行沟通，以更全面地关注两个孩子的需要。

与此同时，社工与阿花还向有关法律部门咨询离婚诉讼和法律援助的相关手续，终于在妇联的帮助下成功申请到法律援助，诉讼于两个月后开庭。社工在诉讼过程中一直鼓励和支持案主，并多次陪同案主一家到法院跟进审讯情况。法院最终判决阿花与阿明离婚，并把两个孩子的抚养权判归阿花，阿明每月给阿花母子3人抚养费1200元。此后，社工仍跟进阿花和她的儿子对新生活的适应状况，直至结案。而这位案主也表示如果日后在社区内发生家庭暴力个案，她愿意分享自己的经验，以过来人的身份给别人支持。

到暑假举行青少年成长期活动时，社工也没忘邀请案主的两个孩子参加。看到两个孩子在活动中露出快乐天真的笑容，社工相信他们已走出阴霾，步入了新的人生旅程。

4. 主动一点，就会看到社区内的需要

社工曾以为，自己在社区工作站似乎没有明确的角色，根本不可能发挥专业知识以帮助居民。这个个案则让社工看到，原来一句不经意的问候便可能影响别人的一生。诚然，在现阶段社工在社区内还只为少数居民所知，所以需要社工多做些外展工作，以主动发现社区的需要。这是因为社区内的很多需要，往往都是隐蔽的，通常并不太容易被知晓。即使是留守于工作站内的社工，也应该倍加留神，主动关心到站里来的每一位求助者，以免轻易与可能处于水深火热中的人擦身而过。事实上，社工的一句问候，或许正是对求助者的一丝慰藉。

【督导点评】由于这位社工的专业态度，在电光火石间洞察到求助者的神情，成功为这个家庭解决了家庭暴力的问题。在介入过程中，社工综合运用了个案和社区动员手法，除了处理案主一家三口的危机和情绪，社工更有效地调动了社区资源，协调了家暴服务、法律援助、救助站、学校社工等社区资源，这需要社工对该社区情况和资源有一定了解才能做到。

督导欣赏社工在跟进过程中展现出愿意陪案主同走这条路的态度，而不是代替案主完成所有程序。因为在社区工作中，"当事人参与"能够发挥"赋权"的作用，让案主在参与过程中建立自信和自决，才使其看到自己也有能力为自己解决问题。而推动具有相类似经验的居民互相分享，又能发挥社区自助互助精神，促进社区互动与和谐。

（彩虹社工服务中心社工陈雅文、香港复康会杨翠芝督导提供）

4.2 小组案例

“心连心，沟通你我他”人际交往小组

1. 小组背景

由于现代城市家庭之间的生活方式相对隔绝，加上人际沟通方式多元化的影响，学生与他人面对面沟通的机会变少，难以得到足够的实际沟通锻炼。学生不仅迫切需要学习表达和聆听技巧，更要学习如何处理与朋辈的冲突等问题。但通常情况下，学生并不知从何学起，学校教育、家庭教育也不能完全满足学生在这方面的需求。为此，本小组面向招商街道赤湾社区招募13名学生，包括4名女生和9名男生，年龄范围为8～14岁。

2. 理论运用

沙利文的人格发展阶段论认为，小学生正处于人格发展的少年期及前青春期。在少年期，儿童开始获得与家庭之外他人交往的经验。儿童与他人的互动关系，尤其是同伴关系对儿童自我观念的形成影响很大。而前青春期是真正社会化人际关系的开始，与同伴的交往，用他的眼睛发现自己、形成自我，是这一阶段同伴关系对他们至关重要的影响。

和谐与友谊，能增强青少年的自我价值和自尊，有助于拓宽社交圈子，还能减少现今越来越多的独生子女在家庭成长过程中的孤独感。

3. 介入手法

本小组活动以“体验游戏+经验分享”方式进行，其步骤是在以游戏让组员获得一些有针对性亲身体验之后，由社工引导进行分享，使组员借此回顾自己的经历和感受，最后由社工进行总结，并鼓励组员将获得的经验应用于日后的学习、生活当中。

4. 小组目标

提升沟通能力，培养青少年对他人信任、尊重的态度，学习与人相处的技巧；鼓励青少年与朋辈交谈、讨论，甚至让其在冲突中体验新行为、感受新思想，以减轻青少年的孤独感，使其建立良好的朋辈关系。

5. 小组活动内容

表4.1 小组活动内容

节数	1	2
日期	6月25日～7月10日	7月12日
时间	视乎工作安排	16:30～17:20
内容	准备资料和物资，包括招募传单、文件资料、购买小组活动物资；招募小组组员	第一节主题是“欢乐大家行”，其目标是初步认识，建立小组规范，具体内容： ● 社工自我介绍，欢迎组员参与该小组，说明本次活动的目的、内容及形式（5分钟） ● 破冰游戏：“泡泡糖”（10分钟）；在社工的引导下，让组员自己为小组起名字并制定小组规范（10分钟） ● 自我介绍：自画像（20分钟） ● 社工引导组员分享，让组员加深对小组的认识，同时鼓励组员继续参加之后的小组集会（5分钟）
物资	招募传单	横幅、彩笔、A4纸
备注	—	后备游戏：“五毛与一块”，可根据组员年龄进行适当的游戏调整

续表4.1

节　数	3	4
日　期	7月14日	7月19日
时　间	16:30～17:20	16:30～17:20
内　容	第二节主题是“我听，你说”，目标是增强小组凝聚力，让组员知道沟通的重要性： ● 具体内容：回顾上一节小组内容（5分钟），“无声”电视V.S.有声电视，社工引导组员分享人与人之间不沟通与沟通的差别和效果（20分钟） ● 鼓励组员分享自己的经历：“我的秘密”（20分钟） ● 提示下一节主题（5分钟）	第三节主题是“我说，你说”，目标是引导组员通过沟通更好地互相了解，具体内容： ● 回顾上一节小组内容（2分钟） ● 撕纸，社工引导组员分享单向沟通与双向沟通的区别和效果（20分钟） ● “我心中的梦想家”：社工引导组员通过互相提问更多地了解自己的同伴，彼此分享被同伴理解的感受（25分钟） ● 提示下一节主题（3分钟）
物　资	纸、笔、猜词牌	A4废纸、梦想家材料、A3纸、双面胶、胶水
备　注	我的秘密：组员写出自己在人际沟通过程中需要改正的缺点和值得学习的特点，并且大声念出来，其他组员对其缺点提出建议，与大家分享	梦想家材料：房子、家人（大人、小孩）、植物、太阳、月亮、娱乐设施（单车、秋千、滑板等）

续表4.1

节　数	5	6
日　期	7月21日	7月26日
时　间	16:30～17:20	16:30～17:20
内　容	第四节主题是“我们都是朋友”，其目标是引导组员之间形成一个团队，解决团队中沟通不畅的现象，具体内容： ● 回顾上一节小组内容（5分钟） ● 热身游戏：逃出“魔结”（15分钟） ● 主题活动：塑形，当组员完成塑形后，请各位组员分享该种情景下的感受，并反思自己的行为是否有不受他人欢迎的倾向（20分钟） ● 提示下一节主题（5分钟）	第五节主题是“心连心，助沟通”，目标为奠定团队中良好的沟通模式，具体内容包括： ● 回顾上一节小组内容（5分钟） ● 团队游戏：巧解千千结，即组员通过沟通解开手结后分享整个过程的感受，并阐述自己在游戏中所扮演的角色（15分钟） ● 主题活动：我心目中的你：社工引导组员通过之前的团队游戏，写下组员对各同伴的印象，并且解释原因，使同伴之间进行更多沟通，形成更多的理解（25分钟） ● 提示下一节主题（5分钟）
物　资	魔结、塑形、指令条	纸笔
备　注	通过塑形，可以看出不同的肢体语言所表达的信息非常丰富，据此可引申出现实生活中值得思考的现象	—

续表4.1

节　数	7	8
日　期	7月28日	7月29日～8月5日
时　间	16:30～17:20	视乎工作安排
内　容	第六节主题是“青春无界限”，目标为巩固小组效果，让组员学会体谅与尊重他人，并处理离别情绪，具体内容包括： ● 回顾小组内容，鼓励组员谈自己在整个过程中的感受及收获（20分钟） ● 团队游戏：齐心协力（10分钟） ● 留言：各组员抽取有名字标注的笔记本，并在本子上留下对该组员的祝福（10分钟） ● 互赠礼物合影留念（6分钟） ● 填写评估表（4分钟）	● 与同工总结本次活动 ● 探讨是否有需要跟进的个案 ● 整理补充小组活动资料
物　资	精美笔记本、彩笔、相机、活动评估表	—
备　注	—	—

6. 小组评估

■ 参与情况。女性组员参与小组活动的积极性较男性组员高。整个活动的内容对于组员来说都比较新鲜和有趣，组员基本都完整参加了小组活动。对于小组内的个别游戏，组员还表现出很高的主动性。

■ 内容设计。本次活动设计贴近青少年的需求，活动内容不乏游戏，提高了小组活动的吸引力，使组员在每次活动中都能接收不同的信息，保持他们的新鲜感。组员不仅在活动中结交到了新朋友，并开始尝试与异性朋友合作，有助于他们打破对结交异性朋友的错误认识。

■ 小组互动关系。活动初期异性组员之间甚少主动接触，大家多少都有些不好意思；随着活动的深入及组员相互间的熟悉，异性之间的相处更为融洽，互动也有所增加。

■小组发展历程。活动初期——组员的纪律性保持得很好，表现也比较积极，但组员之间的相处多以性别分类；小组中期——这个阶段有个别游戏未能吸引到部分男生，也有个别学员在中后期的游戏中变得比较放得开，不介意与异性合作；小组后期——对于后期的游戏“我心目中的你”，女生参与得比较积极，年龄稍大一些的男组员还是表现得有些害羞，但在游戏完成后，看到别的组员给予自己的评价，每个人心中都有不同的感受。小组借助游戏增加了组员的自信心，大多数组员都通过小组活动结识到了新朋友，并愿意主动去结交新朋友，活动最后一节能感受到个别年龄小的组员产生了离情别绪。

■小组目标成效。通过小组活动，让组员从游戏中慢慢体会到交流、合作的重要性，增加了青少年对他人的信任，学习到了尊重及与人相处的技巧，并尝试结交新的朋友，基本达到活动目标。

7. 专业反思

在1名社工组织开展小组、1名社工协助管理组员纪律的情况下（此协助人员亦可由招募义工担任），社工能够更好地引导组员们分享，并且留意各组员在整个小组中的各种反应，有助于活动的开展及对组员的个别关注。在小组中后期，组员的参与度出现变化，社工可对小组中期进行适当评估，并根据需求修改部分小组安排。

（深圳市日月社会工作服务社驻招商街道社区社工罗丹提供）

4.3 活动案例

爱心课堂社区活动
——用英语课堂的隐形手托起贫困儿童

1. 活动基本情况

爱心课堂活动以平山社区的贫困儿童为服务对象，前期一共招募了45名儿童，这支队伍在后续的活动中不断扩大，包括义工、老师、家长，前后参与到活动中的人员有100人左右。平山社区位于深圳市南山区的桃源街道，是典型的城中村。平山社区以平山村为中心，围绕村子分布着大量企业。据不完全统计，约有4万人居住在平山社区，其中5000人为本地居民，其余3.5万人均是外来务工人员。在这样的环境中，自然存在着很多来自贫困家庭的孩子，他们跟随父母居住在社区中。

2. 活动背景

根据桃源街道办“关心下一代工作委员会”的工作构想，为了体现对社区贫困儿童的关爱，社区将开展一些针对贫困儿童的帮扶活动。平山小学的在读学生人数众多，因此，社区通过学校所掌握的情况，有针对性地筛选一些家庭贫困的学生参与到课程当中，这样就避免了直接招募贫困家庭学生的行为，减少贫困标签对这些家庭的影响。

在前期的工作中，工作人员已经和深圳职业学院的一些学生有过接触，学校距离社区比较近，能够召集一些义工参与到活动当中。义工所学专业为社区管理与服务，参与到这样的活动，也能提高他们的专业技能。

3. 理论与方法

●社区共融

联系社区中的各种资源，实现各种资源之间的互补，促进社区的进步与和谐。招募义工能为儿童服务，同时使他们所学的专业知识用于实践，从而加强了社区各个机构之间的协同合作。

●标签理论

标签理论认为，每一个人都有初级越轨的可能，但只有被贴上标签的初级越轨者才有可能走上“越轨生涯”。一个人被贴上标签，与周围环境中的社会成员对他及其行为的定义过程或标定过程密切相关。当贫困儿童感受到自己家庭贫困状况时，会产生心理负担；当他们被贴上“永远学不好英语”的标签时，将会影响他们的学习态度和学习效果。

●目标

■帮助小学生制定自己的英语学习目标，养成良好的学习习惯；

■给予贫困学生精神上的鼓励、物质上的支持；

■将大学生组织起来，学习义工的基本责任和技巧。

4. 活动过程

表4.2 活动过程

<table>
<tr><th>时 间</th><th colspan="2">活动内容</th></tr>
<tr><td>10月1～15日</td><td colspan="2">招募学生。与学校联系，确定活动，通过学校老师推荐每个班的贫困学生加入课堂，名额为40名左右</td></tr>
<tr><td>10月15～30日</td><td colspan="2">义工训练。联系大学生做课堂义工，两人一组，共16人进行义工培训，培训内容分为3项，包括活动介绍、义工爱心、教导儿童：
● 到深圳职业学院招募义工，组成义工小组
● 通过义工培训，培养义工的责任感，学习教导儿童的技巧</td></tr>
<tr><td rowspan="5">11月、12月</td><td colspan="2">爱心课堂：
● 11月下旬与义工一起给小学生开展英语课堂活动，每周二、周四两节课，共4周，目的是帮助学生学习英语，同时在课堂上排练英语节目，通过节目练习英语，激发学生对学习英语的兴趣，使学生在这个过程中感受学习的乐趣，进而喜欢上英语学习，帮助学生通过课堂学习英语，养成良好的学习习惯
● 通过奖励，帮助学生们学会自己确立学习目标并完成目标，以激发学习热情，强化学习动机</td></tr>
<tr><td>11月24～25日</td><td>趣味英文歌，英文快乐游戏</td></tr>
<tr><td>12月1～2日</td><td>优美英文诗，快乐绕口令</td></tr>
<tr><td>12月8～9日</td><td>快乐英文话剧，快乐英文游戏</td></tr>
<tr><td>12月16日</td><td>节目排演</td></tr>
</table>

续表4.2

时　间	活动内容
12月23日	颁奖礼。12月23日举行颁奖典礼，学生与义工表演节目并邀请领导前来指导工作，现场为学生颁奖，奖励并资助他们的学习，为义工颁发奖励，英文节目表演，颁发物质奖励： ● 领导讲话 ● 表演英文节目，包括英文话剧表演、英文朗诵，英文歌演唱等 ● 请一个小朋友说说自己的学习感受 ● 颁奖礼，分为勤奋奖和学习成就奖等，奖励书籍和学习用品

5. 评估情况

●对课堂课程的评估

■活动名额——活动历时两个半月，预定名额为40人，从前期报名者中筛选出45人；随着活动的开展，到活动结束时，在签到册上签到的出席人数为52人；在最后的颁奖典礼上，连同师生、家长，一共服务了100人左右。

■课程节次从10月23日开始到12月23日结束，一共开展了义工培训3次，针对小学生的课堂7次，毕业典礼活动1次，课程全部按计划顺利开展，3名社工及14名义工参与了此次活动。

●对课程内容的评价

课程上设置了英文歌曲、英文诗歌、英文话剧三个大板块，每周学习一个板块，每节课分为课堂学习时间和快乐英语游戏时间两个部分；对于英文歌曲、英文诗歌、英文话剧这些学习过程，小朋友们都能积极参与，而且还学习了绕口令、英文问候等；最受小朋友欢迎的是英文歌，节目演出效果最好的是话剧；在演出过程中，话剧表演让家长和同学都欢笑不止，表演话剧的小朋友成就感最高。

●对毕业典礼活动的评估

12月23日，平山社区工作站在平山小学举办了平山社区爱心课堂毕业典礼暨颁奖典礼活动，活动现场气氛热烈，节目演出也很精彩，家长和同学们都在活动中感受到了乐趣；平山小学校长、平山社区领导受邀前来观看同学们的表演，并给获奖同学颁发奖品；同学们从活动中体会到了快乐，能很好地参与到活动中来；通过1个月的学习，大家掌握了一些英文小知识，也消除了对英文的刻板印象；家长通过观看孩子的表演也参与到这次活动中，并对这次活动表示了肯定。在节目筹备方面，通过1个月的英语课堂学习，工作人员与同学们建立起良好的关系；通过一个星期的节目排练，小朋友们已经掌握了一定的表演技能。在物资的准备方面，各种舞台背景、道具、奖品等在活动当天都准备齐全。在奖品设置方面，社工决定奖励与英语学习有关的书籍来鼓励他们继续学习。不足的是，由于货源问题，作为奖品的图书只有部分为国家推荐的优秀图书，因而在以后的活动中，应该提前准备奖品，提前订货。

●对义工培训的评估

义工是通过联系深圳职业学院统一招募的，预定名额为14人，报名人员为11人，参与活动的义工为14人。在深圳职业技术学院招募义工，能够增加他们的同质性，便于管理。但如果遇见学校举行集体活动，他们很可能全部无法参与义工活动，这样会对课程的开展产生不利影响。因而，我们建议招募不同地区的义工，这样可分散同一时间的义工分布，同时也可化解可能出现的小组小团体问题。在活动中，社工感受到了义工的年轻和激情。他们都能够在繁重的课业之外，协调时间前来参加培训和活动，并且对孩子们很有爱心。让义工们在活动中发挥各自特长，也是对社工工作能力的一种考验。在活动过程中，义工也不时能感受到各种压力，尤其是时间安排等，但他们都能够谨记自己照看小学生状况的职责，尽职尽责地完成工作。就此角度而言，培训是起到了一定作用的。其不足之处在于，受时间限制，义工培训开展得还不充分，所以一些义工在活动中的行为，尚达不到工作人员的心理预期。因而，社工不仅要学会接纳并适时调整，还应采用课后分享，帮助义工提高应对能力。

6. 专业反思

●关于非标签化的思考

在活动策划过程中，受困于“贫困”标签问题，社工既想为服务对象提供服务，又不想因在宣传时用到“贫困”字样而让参与者背负标签压力，所以在活动如何开展方面思考了很久，最后决定在活动的命名和宣传上去除“贫困”字样，并通过与学校联系，依据报名儿童的家庭情况进行筛选，最大可能地将这些服务提供给贫困家庭儿童。

●关于服务义工与服务对象的取舍

注重义工的招募和培训，是向服务对象提供高质量服务的基础。为此，社工专门制订了培训计划，并提出了在活动之后开展工作经验分享的主张，其目的是以帮助义工提高服务技能为手段，逐步提高服务质量。同时，当发现义工的能力达不到社工要求的水平时，社工会在与督导和同工分享之后，对义工、义工工作方法做出了取舍，而在保护义工积极性的同时，给予其更多的锻炼机会，以便其通过活动过程逐渐成长，为义工的可持续发展奠定了基础。活动结果表明，通过活动过程，使社工学会怎样面对义工并与义工共融，可以使团队很好地维持合作和沟通关系。

●团队的重要性

活动中期（12月）是社区工作比较忙的时段，各项工作任务都非常繁重，社工的压力比较大。这不仅是检视义工培训成果的阶段，也是体现团队合作能力的时期。事实上，在这一阶段，领导为社工配置了2名协助人员配合工作，而同事、领导、义工的支持不仅提高了团队的工作效率，而且也减轻了社工的工作压力。由此可见，团队合作对于活动的成功起到了十分重要的作用。

●活动总结

活动之后，工作人员应花一些时间进行整理和反思，以总结自己组织活动的效果、经验，并反思自己的失误。从活动过程可以看出，很好地协调了街道、社区、学校的资源，是这一小组活动留下的最宝贵的经验之一。由此可得出的结论是，社工在进入社区之后尽快熟悉社区各种资源，是其有效使用整合社区资源工作方法的基础和前提。

【督导评语】构建社区网络，调动社区资源以服务社区，是社区服务的重要手法。该手法的基本特征是，除让服务对象获益外，更有促使义工成长、社区中不同群体互助与融合等多层次目标。通过培训义工，以提升义工对孩子及弱势群体的关爱，加强他们对社区服务的热忱、参与感和责任感为基础，为避免贫困儿童受标签效应影响而特选的英语活动项目——爱心课堂活动，以促进孩子自强不息为目的，让孩子们体验了学习过程、学习成果所带来的快乐，从而达成了多层次目标，体现了这一手法的本质特征。此外，这一活动的设计，充分体现了社工的基本价值和细心的工作作风，而社工的工作热忱也全面体现在了活动过程之中。

（香港督导梁燕凤提供）

附录

附录一　社工简介

社工是受过社区社会工作专业训练，掌握社工价值及理念教育、个案/小组/社区工作方法及技巧培训、社会心理学、社会学、统计学、社会行政及管理等专业知识的社会工作者。作为一种有偿职业，社工通过对人的需要及人与社会不同系统互动的理解，采取科学化的步骤、计划等进行切入，增强服务对象理解问题、解决问题的能力，并倡导社会环境之改变，从而使人生活得更加幸福与和谐。社工的首要使命是协助有需要的人士，致力处理社会问题。社工的基本价值和信念主要包括以下几方面。

■尊重每一个人的独特价值和尊严，不因个人的种族、肤色、家庭/社会/国家本源、国籍、文化、出生、性别、年龄、语言、信仰、政治或其他主张、家庭/社会/经济地位、残疾、教育程度、对社会的贡献或性倾向的差异而有所分别。

■相信每一个人都有发展的潜质，因而有责任鼓励并协助个人在顾及他人权益的情况下实现自我。

■有责任维护人权并促进社会公义。

■相信任何社会都应为其公民谋取最大的福祉。

■有责任更新、提升并运用本身的专业知识和技能去推动个人和社会的进步，务求每一个人都能尽量发挥自己的所能。

■认同人际关系的重要性，会尽力加强人际关系和谐发展，务求维持、促进并提高个人、家庭、社团、机构、社群的福祉，帮助社会大众预防和减少困境与痛苦。

附录二　社区工作站简介

社区工作站可以说是中国政治体制内最基层的一个架构，隶属于民政系统和街道办事处，是民政部门所承担的“社会福利服务”（城市社区服务是指在政府的倡导下，以一定层次的城市组织为主体、以自助—互助的广泛的群众参与为基础、既突出重要对象又面向全体社会成员的、以服务设施和服务项目来提高城市居民生活质素的社会福利服务）的重要载体。

1. 工作理念

■坚持以人为本、信息共享原则，以服务群众为重点，以居民自治为方向，以维护稳定为基础，以文化活动为载体，加强基层政权建设，发展基层民主，促进经济和社会的全面协调可持续发展，为构建社会主义和谐社会奠定基础。

■形成团体互助、平等友爱的社区人际关系。

■提高社区居民凝聚力，增加其对社区的认同感和归属感。

2. 具体目标

■社区基础建设：在社区建设居委会和工作站办公用房、党员活动室、社区健康服务中心、星光老人之家、社区图书馆、户外文体广场等各项基础设施。

■社区组织：在社区建立工会、共青团、妇联、残联、社区志愿者等组织，培育和发展各种社区公益性民间组织，充分发挥其在社区建设中的积极作用。

■社区居民自治：推进居委会民主选举制度、加强民主管理，积极引导社区的各种组织和广大居民参与社区建设。

■社区服务：满足社区居民的各种需求，在社区内为区内老人及残疾人提供小型、就近、便利的服务；关心青少年成长并为他们的家庭提供指导；关注低保户、下岗工人；组织社区绿化、环保等教育活动。

■社区卫生服务：为社区内65岁以上老年人及有复康需求的残疾人建立健康档案，并实行电子化管理。

■社区计生服务：提供独生子女家庭生活教育、两性关系及性教育。

■社区文化：发展常态性的社区文化、科普(科学普及教育)、体育、教育、娱乐活动，形成文明和谐的社区氛围；每年组织社区文艺、体育活动；利用社区教育资源，广泛开展青少年校外教育、失业人员培训、安全生产教育、民防和防灾减灾教育、老年教育、社会公德教育、职业道德教育、家庭美德教育等主题活动。

3. 管理及运作

■工作站最高领导人是站长，负责站内所有重大决策，发展和运用资源。

■工作站通常配备1～2名副站长，协助站长处理行政和管理事宜。

■工作站常配备多名专干，他们是一线的工作人员。每名专干主责一项基本职能，如计生、残疾、低保、就业等，再兼任其他工作任务如工会、社区教育、老年协会、科普、调解等。同时，每名专干还需要分担管理社区各片区的责任，如社区内某栋楼发生事故或需要作普查等就由负责该片区的专干处理和跟进。

■工作站内有一批不固定人数的协管员，分别负责不同片区的家访和调查工作。他们主要在晚上开展工作，具体负责该片区的专项管理。

■工作站内的工作人员，大多是从前在居委会或街道工作的员工。社区工作站是政府为加强社会建设，完善社会管理，推行街道和社区“一门式服务”的“居站分设”制度而设置的与居委会并列的社区服务机构，进一步明确基层单位的职能关系，是这一体制的根本宗旨。因此，现在工作站内的人员，大多是带着居委会或街道办的工作经验转移过来。

4. 社区工作站的营运经费

社区工作站营运经费主要来源于政府民政部门，由街道办事处负责分配和监管。

5. 工作站架构图

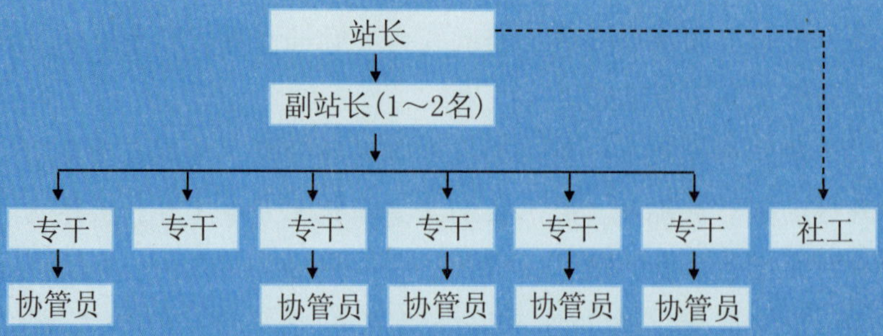

附录三　社区需求分析及服务介入策略实例

通过工作站资料、居民接触及个案跟进，发现社区中独居长者患抑郁症的比例较高	确定社区需求
调查发现，独居长者大多患有慢性病或行动不便，较少融入社区	了解服务对象及特性
希望运用社区互助力量向独居长者提供关怀	订立介入方法及目标
评估后，社工发现尚未全面掌握社区独居老人的名单，急需动员社区力量	评估能力及资源
制订介入计划： 1. 联络社区机构及资源； 2. 组织关爱长者大使义工组，定期探访区内独居长者； 3. 在社区内举行“认识抑郁症”教育活动	定立介入计划
详细编排各项工作流程	决定程序编排

续上图

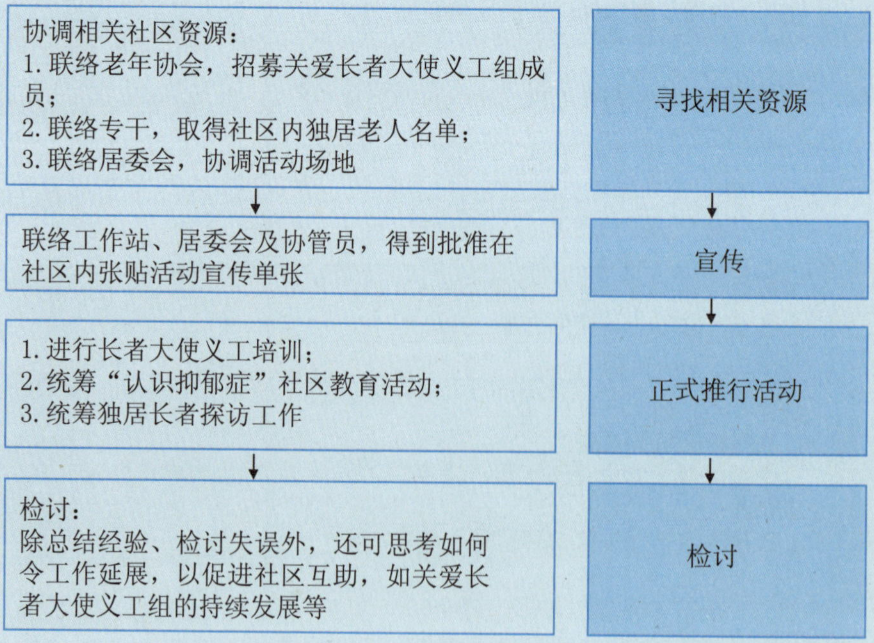
协调相关社区资源：
1.联络老年协会，招募关爱长者大使义工组成员；
2.联络专干，取得社区内独居老人名单；
3.联络居委会，协调活动场地
寻找相关资源
联络工作站、居委会及协管员，得到批准在社区内张贴活动宣传单张
宣传
1.进行长者大使义工培训；
2.统筹“认识抑郁症”社区教育活动；
3.统筹独居长者探访工作
正式推行活动
检讨：
除总结经验、检讨失误外，还可思考如何令工作延展，以促进社区互助，如关爱长者大使义工组的持续发展等
检讨

参考文献

[1] Putnam R D. Bowling alone: the collapse and revival of American community. Simon & Schuster, 2000.

[2] 学习时报.http://big5.china.com.cn/chinese/zhuanti/xxsb/571341.htm.

[3] Kerka S. Community Asset Mapping. Trends and Issues Alert no.2003.47.

[4] Online Available. http://www.cete.org/acve/docgen.asp?tbl=tia&ID=170.

[5] 黄洪.什么是社区和社区工作(“SWK2230社区工作”).香港中文大学社会工作系2003/2004上学期.http://web.swk.cuhk.edu.hk/~hwong/Teaching/SWK_2230_Community%20Work/L1_What_is_Community_Work.doc.

[6] HKCSS. “Stage of work”. in Operation Manual For Outreaching Social Workers,1988.

[7] 温立文，竺永雄，陈子升.街头北斗实务手册——

边青街头工作理论及实践. 香港：香港社会工作者总工会，2010.

［8］甘炳光，梁祖彬，陈丽云，等.社区工作理论与实践.香港：香港中文大学出版社，1994.

［9］深圳社会工作协会. 深圳市社区服务中心设置运营标准(试行)的通知.2011.

［10］香港商报，2011-10-21.

［11］香港社会工作者注册局. 注册社会工作者工作守则（社工基本价值观及信念）.http://www.swrb.org.hk/chiasp/draft_cop_c.asp.